生态环境执法典型案例

图解手册（2022年版）

生态环境部环境工程评估中心　主编

中国环境出版集团·北京

图书在版编目（CIP）数据

生态环境执法典型案例图解手册：2022年版 / 生态环境部环境工程评估中心主编 .—北京：中国环境出版集团，2022.10（2023.5 重印）
ISBN 978-7-5111-5235-0

Ⅰ. ①生…　Ⅱ. ①生…　Ⅲ. ①生态环境—环境保护—行政执法—案例—中国—图解　Ⅳ. ① D922.680.5

中国版本图书馆 CIP 数据核字（2022）第 146815 号

出 版 人　武德凯
责任编辑　孙　莉
封面设计　彭　杉

出版发行　中国环境出版集团
（100062　北京市东城区广渠门内大街 16 号）
网　　址：http://www.cesp.com.cn
电子邮箱：bjg1@cesp.com.cn
联系电话：010-67112765（编辑管理部）
010-67112736（第五分社）
发行热线：010-67125803，010-67113405（传真）

印　　刷　北京中献拓方科技发展有限公司
经　　销　各地新华书店
版　　次　2022 年 10 月第 1 版
印　　次　2023 年 5 月第 2 次印刷
开　　本　880 × 1230　1/32
印　　张　5.125
字　　数　113 千字
定　　价　48.00 元

前　言
Preface

近年来，各地生态环境部门和其他环境监督管理部门在深入打好污染防治攻坚战及生态环境监督管理过程中，不断优化执法方式，提高执法效能，同时也积累了大量的生态环境执法案例。为发挥案例的警示教育作用，生态环境部环境工程评估中心对这些案例进行梳理，将震慑教育类、政策导向类、创新执法类、执法警示类等具有典型意义的案例，通过漫画形式进行“以案释法”，使执法人员和相关企业更易于理解法律法规的规定，进一步推动严格、规范、公正、文明执法，助力企业增强自觉守法的意识。

本书分为行政篇、刑事篇和行政公益诉讼篇三个部分，涉及不正常运行防治污染设施、将危险废物委托给无许可证的单位从事经营活动、在江河擅自新建排污口、未按照排污许可证要求安装在线监测设施、未按规定设置危险废物识别标志、违法使用消耗臭氧层物质、非法倾倒、处置危险废物等多种违法情形。本书共收集 15 个典型案例并对其进行深入评析，其中案例 1、案例 2、案例 14 由张健负责；案例 3、案例 4、案例 11、案例 15 由郭珺负责；案例5、案例6、案例7、案例8、案例9、案例10、案例12、案例13由杨雾晨负责。每个案例包括基本案情、案件涉及的法律问题、法条链接、案件启示等内容。希望本书既可以为生态环境执法人员提供指导，也可以为相关企业良性守法作出警示。

由于编者能力所限，在论述分析中难免有疏漏，对本书的不足之处，敬请读者批评指正。

编 者

2022年10月

目　录

Contents

第一部分　行政篇 /001

Part 1

第一部分

行政篇

案例 1 不正常运行大气污染治理设施按日连续处罚案[①]

基本案情

广东省佛山市环境保护局于 2016 年 8 月 11 日对佛山市某家具公司进行现场检查，发现该公司南面车间的手刷漆房和面漆房正常使用，但配套的水喷淋与活性炭废气治理设施未运行，抽风机也未开启。佛山市环境保护局于 2016 年 8 月 11 日对该公司的违法行为进行立案查处，同月 18 日作出《责令改正违法行为决定书》（佛环违改字〔2016〕39 号），并于 8 月 23 日送达，责令该公司立即停止违法排污，改正不正常运行大气污染治理设施的违法行为，确保大气污染治理设施正常运行。佛山市环境保护局还告知该公司将对其改正违法行为的情况实施复查，如果存在拒不改正的情况，将对该公司实施按日连续处罚。2016 年 9 月 6 日，佛山市环境保护局对该公司环境违法行为的改正情况实施复查，

① 广东省佛山市中级人民法院《行政判决书》（〔2018〕粤 06 行终 900 号）。

发现该公司正常生产，南面车间的手刷漆房和面漆房正常使用，但配套的水喷淋与活性炭废气治理设施仍未运行。

2016年10月13日，佛山市环境保护局组织案件审理委员会对该公司违法行为的处罚事项进行集体讨论，案件审理委员会一致同意对该公司2016年8月11日的环境违法行为罚款人民币45万元，对2016年9月6日复查发现的环境违法行为依法实施按日连续处罚。2016年11月30日，佛山市环境保护局作出《行政处罚决定书》（佛环罚字〔2016〕32号），决定对该公司2016年8月11日通过不正常运行大气污染治理设施逃避监管的方式排放大气污染物的行为罚款45万元。2016年12月1日，佛山市环境保护局作出《行政处罚听证告知书》（佛环听告字〔2016〕29号），告知对该公司不正常运行大气污染治理设施并拒不改正的行为拟作出的行政处罚，罚款金额为630万元和该公司享有的陈述、申辩、听证权利，《行政处罚听证告知书》于12月6日送达该公司。接到《行政处罚听证告知书》后，该公司提出听证申请。2016年12月27日，该公司参加听证，佛山市环境保护局制作听证笔录，之后形成听证报告。佛山市环境保护局认为，该公司在听证中提出的陈述申辩理由不符合《中华人民共和国行政处罚法》（2009年修正）第二十七条关于从轻或者减轻处罚的规定，决定不予采纳，并建议对该公司不正常运行大气污染治理设施排放大气污染物拒不改正的违法行为实施按日连续处罚，罚款金额为630万元。2017年1月1日，佛山市环境保护局作出《佛山市环境保护局行政处罚决定书》（佛环罚字〔2017〕3号），并于2017年1月6日送达该公司。

该公司不服，向法院提起行政诉讼。一审法院认定佛山市环境保护局程序合法，适用法律正确，判决驳回该公司的诉讼请求。后该公司上诉，二审法院驳回上诉，维持原判。

案件涉及的法律问题

1. 实施按日连续处罚的适用范围

《中华人民共和国环境保护法》第五十九条第一款规定：企业事业单位和其他生产经营者违法排放污染物，受到罚款处罚，被责令改正，拒不改正的，依法作出处罚决定的行政机关可以自责令改正之日的次日起，按照原处罚数额按日连续处罚。根据《环境保护主管部门实施按日连续处罚办法》（环境保护部令第28号，以下简称《按日连续处罚办法》），适用按日连续处罚的情形包括超过国家或者地方规定的污染物排放标准，或者超过重点污染物排放总量控制指标排放污染物的；通过暗管、渗井、渗坑、灌注或者篡改、伪造监测数据，或者不正常运行污染防治设施等逃避监管的方式排放污染物的；排放法律、法规规定禁止排放的污染物的；违法倾倒危险废物的；其他违法排放污染物行为。

《中华人民共和国大气污染防治法》和《中华人民共和国水污染防治法》的修改也增加了按日连续处罚的适用范围。其中，

《中华人民共和国大气污染防治法》第一百二十三条规定了适用按日连续处罚的情形：未依法取得排污许可证排放大气污染物的；超过大气污染物排放标准或者超过重点大气污染物排放总量控制指标排放大气污染物的；通过逃避监管的方式排放大气污染物的；建筑施工或者贮存易产生扬尘的物料未采取有效措施防治扬尘污染的。《中华人民共和国水污染防治法》第九十五条规定："企业事业单位和其他生产经营者违法排放水污染物，受到罚款处罚，被责令改正的，依法作出处罚决定的行政机关应当组织复查，发现其继续违法排放水污染物或者拒绝、阻挠复查的，依照《中华人民共和国环境保护法》的规定按日连续处罚。"

2. 按日连续处罚的前提条件

对企业事业单位和其他生产经营者实施按日连续处罚的前提条件应包括以下几种情况。

第一，企业事业单位和其他生产经营者应当存在违法排放污染物的行为，包括超标超总量排污，未批先建排污，未取得排污许可证排污，通过暗管、渗井等逃避监管的方式排污等。

第二，企业事业单位和其他生产经营者非法排污行为应受到罚款处罚。行政责任的承担方式有很多种，依据《中华人民共和国行政处罚法》，行政处罚的种类除了罚款，还包括警告、没收违法所得、责令停产或关闭、行政拘留等。但是，只有行政处罚是罚款的类型，才有可能在复查时违法行为继续的情况下对该基础罚款数额实施按日连续处罚。

第三，执法部门应当先依据有关法律法规的规定责令违法者改正违法行为，企业有拒不改正或者拒绝、阻挠复查的情形才可以启动按日连续处罚。

第四，按日连续处罚程序，不是必须启动，而是“可以”启动。也就是说，按日连续处罚的目的不在于增加企业环境违法成本，而在于消除违法者的环境违法行为。环境保护主管部门复查时如果发现排污者已经改正违法排放污染物行为或者已经停产、停业、关闭的，可以不启动按日连续处罚。

3. 按日连续处罚的实施程序

按日连续处罚的实施程序如图 1 所示。

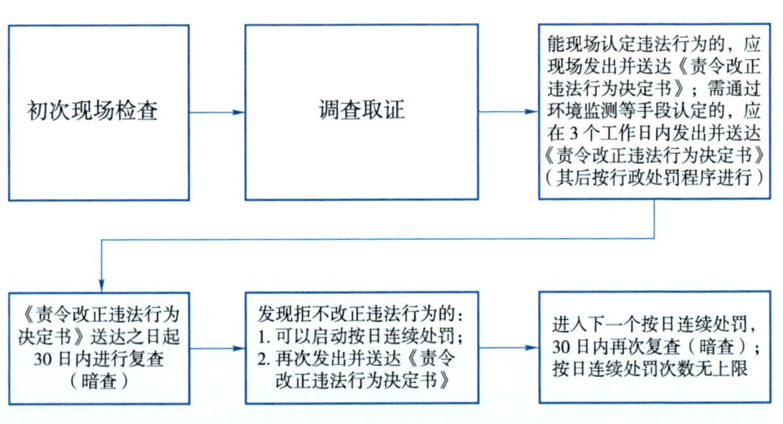

图 1　按日连续处罚的实施程序

佛山市环境保护局于 2016 年 8 月 23 日向佛山市某家具公司现场送达《责令改正违法行为决定书》，责令该公司立即停止违法排污，改正不正常运行大气污染治理设施的违法行为，确保大气污染治理设施正常运行。佛山市环境保护局还告知该公司将对其改正违法行为的情况实施复查，如果存在拒不改正的情况，将实施按日连续处罚。2016 年 11 月 30 日，佛山市环境保护局作出《行政处罚决定书》（佛环罚字〔2016〕32 号），决定对该公司 2016 年 8 月 11 日通过不正常运行大气污染治理设施逃避监管的方式排放大气污染物的行为罚款人民币 45 万元。9 月 6 日，执法人员对该公司进行复查时，发现该公司不正常运行污染治理设施的违法行为依然存在，因此佛山市环境保护局依法对该公司实施了按日连续处罚，按日连续处罚的起止时间为送达《责令改正违法行为决定书》的次日起，至复查发现超标排污日止，即 8 月 24 日至 9 月 6 日（共计 14 日），每日罚款数额为原处罚数额 45 万元，按日连续处罚计罚款总数额为 630 万元。

《环境保护主管部门实施按日连续处罚办法》第十四条规定："复查时排污者被认定为拒不改正违法排放污染物行为的，环境保护主管部门应当按照本办法第八条的规定再次作出责令改正违法行为决定书并送达排污者，责令立即停止违法排放污染物行为，并应当依照本办法第十条、第十二条的规定对排污者再次进行复查。"在本案中，佛山市环境保护局在 2016 年 9 月 6 日复查时，并未对该公司不运行大气污染治理设施拒不改正的行为再次作出《责令改正违法行为决定书》，鉴于佛山市环境保护局该行为不影响本案中佛山市环境保护局对该公司实施的按日连续处罚，也没有减损该公司的合法权益，法院对该程序瑕疵予以指出。

法条链接

《中华人民共和国环境保护法》（2015 年）

第十条　国务院环境保护主管部门，对全国环境保护工作实施统一监督管理；县级以上地方人民政府环境保护主管部门，对本行政区域环境保护工作实施统一监督管理。

县级以上人民政府有关部门和军队环境保护部门，依照有关法律的规定对资源保护和污染防治等环境保护工作实施监督管理。

第五十九条第一款　企业事业单位和其他生产经营者违法排放污染物，受到罚款处罚，被责令改正，拒不改正的，依法作出处罚决定的行政机关可以自责令改正之日的次日起，按照原处罚数额按日连续处罚。

《中华人民共和国大气污染防治法》（2016 年）

第五条　县级以上人民政府环境保护主管部门对大气污染防治实施统一监督管理。

县级以上人民政府其他有关部门在各自职责范围内对大气污染防治实施监督管理。

第一百二十三条　违反本法规定，企业事业单位和其他生产经营者有下列行为之一，受到罚款处罚，被责令改正，拒不改正的，依法作出处罚决定的行政机关可以自责令改正之日的次日起，按照原处罚数额按日连续处罚：

（一）未依法取得排污许可证排放大气污染物的；

（二）超过大气污染物排放标准或者超过重点大气污染物排放总量控制指标排放大气污染物的；

（三）通过逃避监管的方式排放大气污染物的；

（四）建筑施工或者贮存易产生扬尘的物料未采取有效措施防治扬尘污染的。

《环境保护主管部门实施按日连续处罚办法》（环境保护部令第 28 号）

第五条 排污者有下列行为之一，受到罚款处罚，被责令改正，拒不改正的，依法作出罚款处罚决定的环境保护主管部门可以实施按日连续处罚：

（一）超过国家或者地方规定的污染物排放标准，或者超过重点污染物排放总量控制指标排放污染物的；

（二）通过暗管、渗井、渗坑、灌注或者篡改、伪造监测数据，或者不正常运行防治污染设施等逃避监管的方式排放污染物的；

（三）排放法律、法规规定禁止排放的污染物的；

（四）违法倾倒危险废物的；

（五）其他违法排放污染物行为。

第八条 环境保护主管部门可以当场认定违法排放污染物的，应当在现场调查时向排污者送达责令改正违法行为决定书，责令立即停止违法排放污染物行为。

需要通过环境监测认定违法排放污染物的，环境监测机构应当按照监测技术规范要求进行监测。环境保护主管部门应当在取得环境监测报告后三个工作日内向排污者送达责令改正违法行为决定书，责令立即停止违法排放污染物行为。

第十四条 复查时排污者被认定为拒不改正违法排放污染物行为的，环境保护主管部门应当按照本办法第八条的规定再次作出责令改正违法行为决定书并送达排污者，责令立即停止违法排放污染物行为，并应当依照本办法第十条、第十二条的规定对排污者再次进行复查。

第十七条 按日连续处罚的计罚日数为责令改正违法行为决定书送达排污者之日的次日起，至环境保护主管部门复查发现违法排放污染物行为之日止。再次复查仍拒不改正的，计罚日数累计执行。

第十九条 按日连续处罚每日的罚款数额，为原处罚决定书确定的罚款数额。

按照按日连续处罚规则决定的罚款数额，为原处罚决定书确定的罚款数额乘以计罚日数。

案件启示

对于通过高额度的罚款倒逼违法企业实施整改的此类案件，应注意以下几点：

1. 按日连续处罚的基础是环境保护主管部门作出责令改正违

法行为决定，且对排污者作出了一定数额罚款的行政处罚决定。

2. 只有在排污者拒不改正违法行为时才能启动按日连续处罚。

3. 按日连续处罚决定书应当在原处罚决定书作出之后作出。

本案涉及一次按日连续处罚，对计罚日数的计算需要准确理解，《环境保护主管部门实施按日连续处罚办法》第十七条规定：“按日连续处罚的计罚日数为责令改正违法行为决定书送达排污者之日的次日起，至环境保护主管部门复查发现违法排放污染物行为之日止。再次复查仍拒不改正的，计罚日数累计执行。”按照《环境保护主管部门实施按日连续处罚办法》的本意，正确的计罚时间是第一次送达《责令改正违法行为决定书》的次日起至第一次复查之日止为第一次计罚日数；第二次计罚日数应该是从第二次送达《责令改正违法行为决定书》次日起至第三次复查之日止，以此类推，直至环境保护主管部门复查时发现排污者已经改正违法排放污染物行为或者已经停产、停业、关闭的，不再启动按日计罚。但照此执行，实施过程中会出现第二次计罚周期与第一次计罚周期之间存在空当，无法实现计罚日数的累计执行。例如，环境保护主管部门初次检查企业的日期是 5 月 1 日，取样检测后，5 月 5 日监测报告显示企业超标排放污染物，环境保护主管部门于 5 月 5 日向企业送达《责令改正违法行为决定书》。5 月 20 日环境保护主管部门对企业进行复查并取样，5 月 23 日监测报告显示企业仍超标排放污染物。环境保护主管部门于 5 月 23 日第二次向企业送达《责令改正违法行为决定书》。6 月 2 日环境保护主管部门对企业进行第二次复查，6 月 5 日监测报告显示企业依然超标排放污染物。按照《环境保护主管部门实施按日连续处罚办法》，本案中第一个计罚周期是 5 月 6 日至 20 日，第二个计罚周期应当是 5 月 24 日至 6 月 2 日。故 5 月 21 日至 23 日是空当时期。因此，实际工作中对“再次复查仍拒不改正的，计罚日数累计执行”的理解应是以第二次下达《责令改正违法行为决定书》之后的复查时间作为按日计罚周期持续计算的起算点。

某家具公司

根据《中华人民共和国环境保护法》（2015 年）、《中华人民共和国大气污染防治法》（2016 年）、《环境保护主管部门实施按日连续处罚办法》（环境保护部令 第 28 号）对该公司 2016 年 8 月 11 日的环境违法行为罚款 45 万元，对 2016 年 9 月 6 日复查发现的环境违法行为依法实施按日连续处罚。该公司不服，向法院提起行政诉讼。一审法院判决驳回该公司的诉讼请求。后该公司上诉，二审法院驳回上诉，维持原判。

案例 2 废气治理设施违反精细化管理未采取有效抑尘措施案；开启污染防治设施旁路排污逃避监管案

基本案情 1[①]

2017 年 6 月 21 日，河南省环境保护督导组检查时发现，林州市某机械铸造有限公司年产 60 万套载重车后盘式制动盘项目 1 台 5 吨中频感应电炉（编号为 2 号）处于正常生产状态，生产过程中加料时，中频感应电炉的吸气集尘罩未使用，未按照环境影响评价要求对熔炼废气进行完全收集处理，致使大部分熔炼废气未通过收集管道和袋式除尘器进行收集处理，直接排放至外环境。同日，林州市环境保护局现场检查勘验发现，该机械铸造有限公司配套的中频感应电炉炉盖未盖，致使部分生产废气未经处理直接排放。

2017 年 8 月 18 日，河南省环境保护厅将林州市某机械铸造

① 河南省安阳市中级人民法院《行政判决书》（〔2018〕豫 05 行终 358 号）。

有限公司相关案卷资料移送安阳市环境保护局进行处理。2017 年 8 月 29 日，安阳市环境保护局将相关案卷资料移送林州市环境保护局进行处理，林州市环境保护局于 2017 年 8 月 31 日立案。调查取证查明，2017 年 6 月 21 日，林州市某机械铸造有限公司在正常生产的情况下，中频感应电炉炉盖未盖，致使部分生产废气未经处理直接排放的行为违反了《中华人民共和国环境保护法》第四十二条第四款和《中华人民共和国大气污染防治法》第二十条第二款的规定。根据违法行为的事实、性质、情节、社会危害程度和证据，裁量该公司的违法行为属于较重情形。经林州市环境保护局法制领导小组会议研究决定，拟责令该公司立即改正违法行为，并处以 30 万元罚款。

2017 年 9 月 18 日，林州市环境保护局作出《行政处罚（听证）事先告知书》（林环罚先告字〔2017〕59 号），并于 2017 年 9 月 20 日向该机械铸造有限公司送达该告知书，对被处罚人进行处罚前告知。2017 年 9 月 21 日，该公司向林州市环境保护局提出听证申请。2017 年 9 月 26 日，林州市环境保护局作出《行政处罚听证通知书》（听通字〔2017〕第 10 号），并送达该公司。2017 年 10 月 9 日，该公司向林州市环境保护局提出延期听证申请。2018 年 1 月 2 日，该公司向林州市环境保护局提出重新听证申请。2018 年 1 月 12 日，林州市环境保护局就林州市某机械铸造有限公司中频感应电炉炉盖未盖，致使部分生产废气未经处理直接排放行政处罚案召开听证会，认为林州市某机械铸造有限公司中频感应电炉由于吸气集气罩设计不合理，在生产过程中的两个环节必须将其移开才能正常运行，且配套烟气收集管道存在裂缝，影响烟气收集，致使部分生产废气直接排放至外部环境，这种情况不属于通过不正常运行污染防治设施逃避监管的方式违法排放污染物，但是该公司的确存在由于污染防治设施设计及建设不合理致使部分生产废气未经处理直接排放的行为。

2018 年 2 月 4 日，林州市环境保护局就林州市某机械铸造有限公司中频感应电炉炉盖未盖，致使部分生产废气未经处理直接排放一案进行集体研究。林州市环境保护局法制领导小组对林州市某机械铸造有限公司的申辩和质证资料进行了复核审查。根据《中华人民共和国大气污染防治法》第四十八条第一款和第一百零八条的规定，2018 年 2 月 6 日，林州市环境保护局作出《行政处罚决定书》（林环罚字〔2018〕26 号），对林州市某机械铸造有限公司作出如下处罚决定:（1）责令改正违法行为;（2）处以 3 万元罚款。

该公司不服该处罚决定，于 2018 年 4 月 2 日向林州市人民政府提出复议申请，林州市人民政府受理该案后经过审查，认为林州市环境保护局的处罚决定事实清楚、证据确实充分、程序正当合法、适用法律正确，因此维持了《行政处罚决定书》（林环罚字〔2018〕26 号）中的处罚决定。

林州市某机械铸造有限公司不服复议决定，向安阳市文峰区人民法院提起行政诉讼。一审法院审理认为，原告林州市某机械铸造有限公司中频感应电炉加料时未盖炉盖，致使部分生产废气未经处理直接排放的行为，不符合精细化管理、采取集中收集处理等措施的要求，被告林州市环境保护局根据其查明的事实，依据法律规定作出的《行政处罚决定书》（林环罚字〔2018〕

26号），并无不当。林州市人民政府受理林州市某机械铸造有限公司的复议申请后，按照法定程序，依法查明案件事实后，依法作出的《行政复议决定书》（林政复〔2018〕10号），维持了《行政处罚决定书》（林环罚字〔2018〕26号）中的处罚决定，亦无不当。一审法院判决驳回原告林州市某机械铸造有限公司的诉讼请求。

林州市某机械铸造有限公司对一审法院的判决不服，向河南省安阳市中级人民法院提起上诉。二审法院审理后认为，林州市环境保护局按照法定程序，依法查明案件事实后，依法作出的《行政处罚决定书》（林环罚字〔2018〕26号）符合法律要求，判决驳回林州市某机械铸造有限公司的诉讼请求。二审法院驳回上诉，维持原判。

基本案情2[①]

2017年9月18日，江门市环境保护局对江门市某玻璃有限公司进行检查时发现，该公司未报经环境保护主管部门同意，擅自闲置原有的麻石脱硫除尘废气治理设施，将玻璃窑炉废气全部接入新建的废气治理设施，并开启除尘脱硫设施旁路挡板，但氨水罐溶液泵未开启。江门市环境保护局委托江门市环境监测中心

---

① 广东省江门市中级人民法院《行政判决书》（〔2018〕粤07行终175号）。

站对玻璃窑炉废气治理设施处理后的烟囱废气进行采样分析，监测报告显示，外排废气中二氧化硫浓度为884毫克/米^3，超过江门市环境保护局向该公司核发的《广东省污染物排放许可证》规定的排放限值。上述事实有现场检查（勘察）笔录、调查询问笔录、监测报告以及现场检查拍摄的照片等为证。

2017年9月22日，江门市环境保护局告知江门市某玻璃有限公司相关违法事实、处罚依据和拟作出的处罚决定，并告知其有权进行陈述、申辩和要求听证。应该公司的申请，江门市环境保护局于2017年10月13日召开听证会，听证会后，江门市环境保护局认为江门市某玻璃有限公司违法事实明确，作出的处罚依据充分，该公司提出的相关意见不影响对违法事实的认定。

2017年10月19日，江门市环境保护局依据《中华人民共和国大气污染防治法》第二十条第二款和第九十九条第三项的规定，决定对该公司作出如下行政处罚决定：（1）停产整治；（2）罚款人民币30万元整。

江门市某玻璃有限公司对江门市环境保护局作出的《行政处罚决定书》不服，向江门市人民政府提起行政复议。江门市人民政府作出维持原行政处罚决定的复议决定。该公司对行政复议结果不服，向广东省江门市江海区人民法院提起行政诉讼。一审法院经过审理，确认江门市环境保护局的具体行政行为合法，予以维持。该公司仍不服，向广东省江门市中级人民法院提起上诉，二审法院判决驳回上诉，维持原判。

案件涉及的法律问题

不正常运行污染防治设施的认定

《中华人民共和国环境保护法》第四十二条第四款规定：严禁通过暗管、渗井、渗坑、灌注或者篡改、伪造监测数据，或者不正常运行污染防治设施等逃避监管的方式违法排放污染物。《中华人民共和国大气污染防治法》第二十条第二款规定：禁止通过偷排、篡改或者伪造监测数据、以逃避现场检查为目的的临时停产、非紧急情况下开启应急排放通道、不正常运行大气污染防治设施等逃避监管的方式排放大气污染物。由此可见，“不正常运行污染防治设施”实际上是“逃避监管的方式排放污染物”的情形之一。更需要注意的是，“不正常运行污染防治设施”不以超标排放污染物为前提，只要行为人有不正常运行污染防治设施且排放污染物的行为，即可认定构成“逃避监管的方式排放污染物”。

如何判断是否构成不正常运行污染防治设施行为?《行政主管部门移送适用行政拘留环境违法案件暂行办法》第七条作出了明确规定，通过不正常运行污染防治设施等逃避监管的方式违法排放污染物，包括以下情形：（一）将部分或全部污染物不经过处理设施，直接排放的；（二）非紧急情况下开启污染物处理设施的应急排放阀门，将部分或者全部污染物直接排放的；（三）将未经处理的污染物从污染物处理设施的中间工序引出直接排放的；（四）在生产经营或者作业过程中，停止运行污染物处理设施的；（五）违反操作规程使用污染物处理设施，致使处理设施不能正常发挥处理作用的；（六）污染物处理设施发生故障后，排污单位不及时或者不按规程进行检查和维修，致使处理设施不能正常发挥处理作用的；（七）其他不正常运行污染防治设施的情形。需要说明的是，原环境保护部曾经出台《关于"不正常使用"污染物处理设施违法认定和处罚的意见》（环发〔2003〕177 号），但该意见已在 2016 年清理部门规章、规范性文件时予以废除，故不能再以此作为判断不正常运行污染治理设施的情形。

2016 年 10 月 27 日，环境保护部给广东省环境保护厅的复函中明确表示，企业事业单位和其他生产经营者未配套建设污染防治设施，直接排放污染物的，不属于"通过不正常运行污染防治设施逃避监管的方式违法排放污染物"的情形。《行政主管部门移送适用行政拘留环境违法案件暂行办法》第五条规定：通过暗管、渗井、渗坑、灌注等逃避监管的方式违法排放污染物，是指通过暗管、渗井、渗坑、灌注等不经法定排放口排放污染物等逃避监管的方式违法排放污染物。据此，排污单位未配套建设污染防治设施，直接排放污染物的行为是符合"通过暗管、渗井、渗坑、灌注等逃避监管的方式违法排放污染物"构成要件的，可以依照相关规定查处。

案例 1 中，林州市某机械铸造有限公司中频感应电炉炉盖未盖，配套的烟气收集管道存在裂缝，致使部分生产废气未经处理直接排放的行为，涉嫌违反《中华人民共和国大气污染防治法》第四十八条的规定，钢铁、建材、有色金属、石油、化工、制药、矿产开采等企业，应当加强精细化管理，采取集中收集处理等措施，严格控制粉尘和气态污染物的排放。

案例 2 中，江门市某玻璃有限公司擅自闲置原有的麻石脱硫除尘废气治理设施，将玻璃窑炉废气全部接入新建的废气治理设施，并开启除尘脱硫设施旁路挡板，未开启氨水罐溶液泵的行为，涉嫌违反《中华人民共和国大气污染防治法》第二十条第二款的规定，“新建的废气治理设施中除尘脱硫设施旁路挡板已开启”属于“非紧急情况下开启应急排放通道”行为。因此，当地环境保护主管部门依据《中华人民共和国大气污染防治法》第九十九条第三项的规定作出“停产整治，罚款人民币 30 万元整”的行政处罚决定，处罚适用法律正确。

法条链接

《中华人民共和国环境保护法》（2015 年）

第四十二条 排放污染物的企业事业单位和其他生产经营者，应当采取措施，防治在生产建设或者其他活动中产生的废气、废水、废渣、医疗废物、粉尘、恶臭气体、放射性物质以及噪声、振动、光辐射、电磁辐射等对环境的污染和危害。

排放污染物的企业事业单位，应当建立环境保护责任制度，明确单位负责人和相关人员的责任。

重点排污单位应当按照国家有关规定和监测规范安装使用监测设备，保证监测设备正常运行，保存原始监测记录。

严禁通过暗管、渗井、渗坑、灌注或者篡改、伪造监测数据，或者不正常运行污染防治设施等逃避监管的方式违法排放污染物。

《中华人民共和国大气污染防治法》（2016 年）

第二十条 企业事业单位和其他生产经营者向大气排放污染物的，应当依照法律法规和国务院环境保护主管部门的规定设置大气污染物排放口。

禁止通过偷排、篡改或者伪造监测数据、以逃避现场检查为目的的临时停产、非紧急情况下开启应急排放通道、不正常运行大气污染防治设施等逃避监管的方式排放大气污染物。

第四十八条 钢铁、建材、有色金属、石油、化工、制药、矿产开采等企业，应当加强精细化管理，采取集中收集处理等措施，严格控制粉尘和气态污染物的排放。

工业生产企业应当采取密闭、围挡、遮盖、清扫、洒水等措施，减少内部物料的堆存、传输、装卸等环节产生的粉尘和气态污染物的排放。

第九十九条 违反本法规定，有下列行为之一的，由县级以上人民政府环境保护主管部门责令改正或者限制生产、停产整治，并处十万元以上一百万元以下的罚款；情节严重的，报经有批准权的人民政府批准，责令停业、关闭：

（一）未依法取得排污许可证排放大气污染物的；

（二）超过大气污染物排放标准或者超过重点大气污染物排放总量控制指标排放大气污染物的；

（三）通过逃避监管的方式排放大气污染物的。

《行政主管部门移送适用行政拘留环境违法案件暂行办法》（公治〔2014〕853号）

第五条第一款 《环境保护法》第六十三条第三项规定的通过暗管、渗井、渗坑、灌注等逃避监管的方式违法排放污染物，是指通过暗管、渗井、渗坑、灌注等不经法定排放口排放污染物等逃避监管的方式违法排放污染物。

第七条 《环境保护法》第六十三条第三项规定的通过不正常运行防治污染设施等逃避监管的方式违法排放污染物，包括以下情形：

（一）将部分或全部污染物不经过处理设施，直接排放的；

（二）非紧急情况下开启污染物处理设施的应急排放阀门，将部分或者全部污染物直接排放的；

（三）将未经处理的污染物从污染物处理设施的中间工序引出直接排放的；

（四）在生产经营或者作业过程中，停止运行污染物处理设施的；

（五）违反操作规程使用污染物处理设施，致使处理设施不能正常发挥处理作用的；

（六）污染物处理设施发生故障后，排污单位不及时或者不按规程进行检查和维修，致使处理设施不能正常发挥处理作用的；

（七）其他不正常运行污染防治设施的情形。

案件启示

在实际中，一些不法企业受经济利益驱使，通过各种方式逃避监管，违法排放大气污染物。对这些行为，必须予以严厉打击。有的违法者为降低成本，只在生态环境主管部门检查时运行污染防治设施，平时不运行或者时开时停污染防治设施，造成大量污染物未经处理直接排放，严重污染了大气环境。对于这类行为务必严格追究其法律责任。

案例 1 中，该企业存在两种违法行为：第一种违法行为是中频感应电炉炉盖未盖致使部分生产废气未经处理直接排放，但中频感应电炉炉盖未盖是因为需要加料，而中频感应电炉处于正常运行状态，同时中频感应电炉集气设施已通过相关部门验收；第二种违法行为是烟气管道存在裂缝致使部分生产废气未经处理直接排放，属于中频感应电炉倾倒铁水时正常生产需要。

对于第一种违法行为，不应仅考虑加料这个环节造成的无组织排放问题，而应该将整个工艺流程中的无组织自排放收集设施一并考虑，即是否存在二次抑尘设施、三次抑尘设施等，如果该企业通过后续的抑尘设施能够保证无组织排放有效收集后通过有组织排放，那么不宜追究该企业的无组织排放的违法行为。

对于第二种违法行为，烟气管道存在裂缝虽然造成部分无组织废气排放，但应认定属于正常生产需要，不构成《中华人民共和国大气污染防治法》第九十九条第三项逃避监管的方式排放污染物的情形，不宜按照该条规定进行处罚，但可以按照《中华人民共和国大气污染防治法》第四十八条规定的企业未进行精细化管理，采取有效的抑尘措施来处罚。

案例 2 中的企业存在不正常运行污染防治设施排放大气污染物的行为，另对新建的玻璃窑炉废气治理设施处理后的烟囱废气进行采样分析后，监测报告显示外排废气中二氧化硫浓度超标。因此，案例 2 中兼有不正常运行污染防治设施排放污染物和超标排放污染物两种违法行为，那么对该企业的行为认定为一种违法行为还是两种违法行为，应根据具体案情区别对待。

如何理解不正常运行污染防治设施与超标排污的关系？当通过不正常运行污染防治设施的方式排放污染物与超标排放污染物之间不存在因果关系或者没有证据证明两者之间存在因果关系时，应认定为两种违法行为。

当有充分的证据证明两者之间存在因果关系时，宜认定为两者之间具有牵连关系，即认定为一种违法行为。

《中华人民共和国大气污染防治法》第四十八条规定，钢铁、建材、有色金属、石油、化工、制药、矿产开采等企业，应当加强精细化管理，采取集中收集处理等措施，严格控制粉尘和气态污染物的排放。

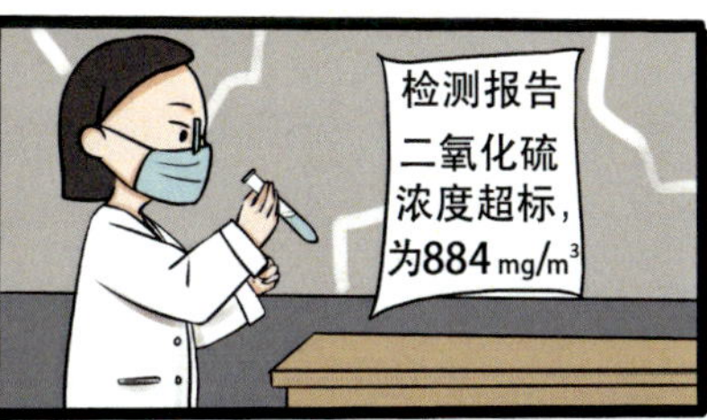

案例涉嫌违反《中华人民共和国大气污染防治法》第二十条第二款和《行政主管部门移送适用行政拘留环境违法案件暂行办法》的规定，其“擅自闲置原有的麻石脱硫除尘废气治理设施”“氨水罐溶液泵未开启”属于“在生产经营或者作业过程中，停止运行污染物处理设施”的行为；“新建的废气治理设施中除尘脱硫设施旁路挡板已开启”属于“非紧急情况下开启应急排放通道”的行为。

案例 3 违反《中华人民共和国大气污染防治法》不正常运行污染防治设施责令停产整治、行政拘留案

基本案情

2019 年 7 月 15 日，生态环境部大气强化监督帮扶工作组到衡水某工程橡胶有限公司进行现场检查，企业处于生产状态，检查发现企业存在车间焊接工段未启动烟气净化器，车间门窗处于打开状态且烟气向外排放的问题。2019 年 7 月 15 日，衡水市生态环境局滨湖新区分局对该企业存在的问题进行现场核查，企业处于停产状态。衡水市生态环境局滨湖新区分局向企业负责人赵某了解情况后得知，生态环境部大气强化监督帮扶工作组检查时，该企业加工车间的工人将电焊机及其配套的移动焊烟净化器移至加工车间，对盆式支座表面沙眼进行修补焊接作业，修补焊接作业时，配套的移动焊烟净化器未开启，处于闲置状态，导致修补焊接作业过程中产生的烟气未能被有效收集，出现了烟气无组织排放情况。

该企业的上述行为违反了《中华人民共和国大气污染防治法》第二十条的规定。依据《中华人民共和国大气污染防治法》（2018 年）第九十九条第一款第三项的规定，同时根据衡水市生态环境局《行政处罚自由裁量权细化标准》的规定，2019 年 9 月 10 日，衡水市生态环境局下达《责令停产整治决定书》《行政处罚决定书》，要求该企业自 2019 年 9 月 10 日起至 2019 年 9 月 16 日止停产整治，包括停止生产、制订整治方案、实施整改等，同时作出罚款 10 万元的行政处罚决定，并告知该企业收到处罚决定书之日起 60 日内可向河北省生态环境厅或者衡水市人民政府申请复议，也可在 6 个月内直接向衡水市桃城区人民法院起诉。

依据《中华人民共和国环境保护法》第六十三条第一款第三项以及《行政主管部门移送适用行政拘留环境违法案件暂行办法》第七条的规定，2019 年 9 月 16 日，衡水市生态环境局将案件移送衡水市公安局滨湖新区分局。2019 年 9 月 25 日，公安机关对企业负责人赵某实施行政拘留，拘留时限 10 天。

2019 年 9 月 18 日，衡水市生态环境局滨湖新区分局对该公司环境违法行为改正情况进行后督察，检查发现该公司已按照规定使用焊烟处理设施。衡水市生态环境局滨湖新区分局要求企业加强内部管理，落实企业自律体系制度，严格按照环保要求，确保企业合法合规生产。

案件涉及的法律问题

1. 逃避监管方式排放大气污染物的事实认定

《中华人民共和国环境保护法》第六十三条第三项、《中华人民共和国大气污染防治法》第二十条规定了“禁止不正常运行大气污染防治设施等逃避监管的方式排放大气污染物”的违法情形，根据具体法条释义来看，客观上企业的违法情形要有不正常运行污染防治设施的实行行为，主观上企业有逃避监管的故意，对象是大气污染物，从而认定该违法情形是否成立。同时，法条里的“等”字应做等外解释，应包括不正常运行大气污染防治设施以外的其他有同等大气环境污染危害的违法处理设施行为，如将部分或全部污染物不经过处理设施直接排放、将未经处理的污染物从污染物处理设施的中间工序引出直接排放等行为。《行政主管部门移送适用行政拘留环境违法案件暂行办法》第七条也做了相关规定。

企业事业单位和其他生产经营者未配套建设污染防治设施，直接排放污染物的，不属于“通过不正常运行污染防治设施逃避监管的方式违法排放污染物”的情形。同时参考《关于逃避监管违法排污情形认定有关问题的复函》，排放污染物的建设项目是否通过环境影响评价审批和竣工环境保护验收，不影响对逃避监管违法排放污染物行为性质的认定，但可以作为判定违法情节轻重的因素予以考虑。

2. 逃避监管方式排放污染物的法律适用

关于法律禁止逃避监管方式排放污染物行为主要体现在《中华人民共和国环境保护法》《中华人民共和国大气污染防治法》《中华人民共和国水污染防治法》等法条规定中。《中华人民共和国环境保护法》第四十二条第四款规定:“严禁通过暗管、渗井、渗坑、灌注或者篡改、伪造监测数据,或者不正常运行污染防治设施等逃避监管的方式违法排放污染物。”《中华人民共和国大气污染防治法》第二十条第二款规定:“禁止通过偷排、篡改或者伪造监测数据、以逃避现场检查为目的的临时停产、非紧急情况下开启应急排放通道、不正常运行大气污染防治设施等逃避监管的方式排放大气污染物。”《中华人民共和国水污染防治法》第三十九条第一款规定:“禁止利用渗井、渗坑、裂隙、溶洞,私设暗管,篡改、伪造监测数据,或者不正常运行水污染防治设施等逃避监管的方式排放水污染物。”

3. 逃避监管方式排放大气污染物的法律责任

根据《中华人民共和国环境保护法》第六十三条第一款第三项、《中华人民共和国大气污染防治法》第九十九条第一款第三项、《中华人民共和国水污染防治法》第八十三条第一款第三项的规定,通过逃避监管的方式排放污染物的行为不仅需要作出行政命令和行政处罚决定,同时涉及移送行政拘留,按日连续处罚,限制生产、停产整治的条款,还应启动配套办法联合惩戒。一是作出行政罚款决定。本案在行政处罚决定前按要求要执行法定执法事先调查、取证、告知等程序，衡水市生态环境局按照《行政处罚自由裁量权细化标准》确定罚款金额后作出《行政处罚决定书》，对其罚款 10 万元。二是移送适用行政拘留。根据《中华人民共和国环境保护法》《行政主管部门移送适用行政拘留环境违法案件暂行办法》的规定，本案中，生态环境主管部门依法定程序将本案移送公安机关处理，公安机关依法对主要负责人作出行政拘留 10 日的处罚。三是作出限制生产、停产整治决定。为有效解决企业存在的焊烟处理设施不正常运行的问题，生态环境主管部门下达了《责令停产整治决定书》，责令企业停止生产、制订整治方案、实施整改等。

法条链接

《中华人民共和国环境保护法》（2015 年）

第四十二条 排放污染物的企业事业单位和其他生产经营者，应当采取措施，防治在生产建设或者其他活动中产生的废气、废水、废渣、医疗废物、粉尘、恶臭气体、放射性物质以及噪声、振动、光辐射、电磁辐射等对环境的污染和危害。

排放污染物的企业事业单位，应当建立环境保护责任制度，明确单位负责人和相关人员的责任。

重点排污单位应当按照国家有关规定和监测规范安装使用监测设备，保证监测设备正常运行，保存原始监测记录。

严禁通过暗管、渗井、渗坑、灌注或者篡改、伪造监测数据，或者不正常运行污染防治设施等逃避监管的方式违法排放污染物。

第六十三条　企业事业单位和其他生产经营者有下列行为之一，尚不构成犯罪的，除依照有关法律法规规定予以处罚外，由县级以上人民政府环境保护主管部门或者其他有关部门将案件移送公安机关，对其直接负责的主管人员和其他直接责任人员，处十日以上十五日以下拘留；情节较轻的，处五日以上十日以下拘留：

（一）建设项目未依法进行环境影响评价，被责令停止建设，拒不执行的；

（二）违反法律规定，未取得排污许可证排放污染物，被责令停止排污，拒不执行的；

（三）通过暗管、渗井、渗坑、灌注或者篡改、伪造监测数据，或者不正常运行防治污染设施等逃避监管的方式违法排放污染物的；

（四）生产、使用国家明令禁止生产、使用的农药，被责令改正，拒不改正的。

《中华人民共和国大气污染防治法》（2018 年）

第二十条　企业事业单位和其他生产经营者向大气排放污染物的，应当依照法律法规和国务院生态环境主管部门的规定设置大气污染物排放口。

禁止通过偷排、篡改或者伪造监测数据、以逃避现场检查为目的的临时停产、非紧急情况下开启应急排放通道、不正常运行大气污染防治设施等逃避监管的方式排放大气污染物。

第九十九条 违反本法规定，有下列行为之一的，由县级以上人民政府生态环境主管部门责令改正或者限制生产、停产整治，并处十万元以上一百万元以下的罚款；情节严重的，报经有批准权的人民政府批准，责令停业、关闭：

（一）未依法取得排污许可证排放大气污染物的；

（二）超过大气污染物排放标准或者超过重点大气污染物排放总量控制指标排放大气污染物的；

（三）通过逃避监管的方式排放大气污染物的。

《行政主管部门移送适用行政拘留环境违法案件暂行办法》（公治〔2014〕853 号）

第七条 《环境保护法》第六十三条第三项规定的通过不正常运行防治污染设施等逃避监管的方式违法排放污染物，包括以下情形：

（一）将部分或全部污染物不经过处理设施，直接排放的；

（二）非紧急情况下开启污染物处理设施的应急排放阀门，将部分或者全部污染物直接排放的；

（三）将未经处理的污染物从污染物处理设施的中间工序引出直接排放的；

（四）在生产经营或者作业过程中，停止运行污染物处理设施的；

（五）违反操作规程使用污染物处理设施，致使处理设施不能正常发挥处理作用的；

（六）污染物处理设施发生故障后，排污单位不及时或者不按规程进行检查和维修，致使处理设施不能正常发挥处理作用的；

（七）其他不正常运行污染防治设施的情形。

案件启示

1. 强化督查制度的实施效果

习近平生态文明思想强调了打赢污染防治攻坚战的重大意义，指出首先要进行生态文明顶层设计和制度体系建设，其中包括建立并实施的中央生态环境保护督察制度和深入实施大气、水、土壤污染防治三大专项行动，这是打好污染防治攻坚战的两项主要任务。

本案属于生态环境部大气强化督查移交的典型案例，生态环境部大气强化监督帮扶工作组在对该单位加工车间电焊机及其配套的移动焊烟净化器进行检查时发现，盆式支座表面沙眼修补焊接作业的移动焊烟净化器未开启，处于闲置状态，导致作业过程中产生的烟气未能有效收集并无组织排放，污染了车间及其周围大气环境。通过采取大气强化督查定点帮扶行动，有效发现并解决了重点城市环境污染严峻的问题，确保“蓝天保卫战”“碧水保卫战”“净土保卫战”按时按质进行。

2.《中华人民共和国环境保护法》配套办法的执行意义

《环境保护主管部门实施按日连续处罚办法》（2015 年）围绕《中华人民共和国环境保护法》第五十九条按日连续处罚“违法排污”“拒不改正”的规定，明确了适用按日连续处罚的违法行为种类，规范了实施按日连续处罚的程序，明确了责令改正的内容和形式，确定了拒不改正违法排放污染物行为的评判标准，规定了按日连续处罚的计罚方式，明确了按日连续处罚制度与其他相关环保制度的并用关系。

《环境保护主管部门实施查封、扣押办法》（2015 年）主要解决一线环境执法人员“不会用、不敢用”查封、扣押手段的问题，该办法在规范权力运行的同时，也能有效降低乱用、滥用查封、扣押措施带来的执法风险。《环境保护主管部门实施查封、扣押办法》围绕《中华人民共和国环境保护法》第二十五条“违反法律法规规定排放污染物，造成或者可能造成严重污染的”，可以对“造成污染物排放的设施、设备”实施查封、扣押的规定，主要明确了查封、扣押的定义、适用范围、具体对象、实施程序及监督检查等。

《环境保护主管部门实施限制生产、停产整治办法》（2015 年）围绕《中华人民共和国环境保护法》第六十条“超过污染物排放标准或者超过重点污染物排放总量控制指标”排污的环境违法行为，规定可以采取“限制生产”“停产整治”“停业、关闭”等措施，主要明确了限制生产、停产整治和报请人民政府关闭的适用情形，细化了限制生产、停产整治的实施程序，加大限制生产、停产整治的监管力度。

《行政主管部门移送适用行政拘留环境违法案件暂行办法》（2015 年）围绕《中华人民共和国环境保护法》中“移送”“行政拘留”的使用情形，进行了规定和解释，同时补充了移送程序的相关内容。

《企业事业单位环境信息公开办法》（2015 年）坚持既要满足公众对企业环境信息的基本需求，又要兼顾企业的信息公开能力，坚持原则性与可操作性相结合，重点解决了谁公开，公开什么，如何公开，如何监督，即信息公开范围、内容、方式、监督四个问题。根据配套办法的规定，生态环境部门除了将行政罚款作为行政处罚手段之外，还新增了按日连续处罚手段，细化了查封、扣押、限制生产、停产整治的适用标准，加强了和公安部门关于环境违法案件行政拘留移送程序的衔接，真正达到了多元化手段联合惩戒环境违法行为的目的。

通过逃避监管的方式排放污染物的行为不仅需要作出行政命令和行政处罚决定，同时涉及移送行政拘留、按日连续处罚、限制生产、停产整治的条款，还应启动配套办法联合惩戒。

案例 4 证据不足无法认定处罚主体逃避监管违法情形被两级法院撤销案

基本案情

2018 年 6 月 21 日，淄博某建筑环保新材料有限公司法定代表人吴某接到生态环境主管部门的电话，该单位原建陶生产线虽然已经拆除，但是有部分煤焦油未转移，因此责令其按照危险废物管理要求妥善处置，不得私拉乱倒。该公司工人在处置危险废物过程中，软管发生破裂造成涉案煤焦油泄漏。2018 年 8 月 31 日，被告淄博市生态环境局周村分局执法人员联合周村区南郊镇工作人员对原告淄博某建筑环保新材料有限公司进行现场检查，发现原告在厂区西北角存在利用渗坑排放黑色、油状、煤焦油味的含酚废水行为，涉嫌违法排污。执法人员在现场进行了取样，并制作了现场检查（勘验）笔录，同时就此涉案情况进行了立案调查。原告取样的监测报告结果显示，三个取样点挥发酚含量分别为 1 560 毫克 / 升、1 120 毫克 / 升、5 420 毫克 / 升，均超过国家规定标准50%。经鉴定，认定危险废物为黑色、油状、煤焦油味含酚废水。

2018年10月19日，被告淄博市生态环境局周村分局作出《责令改正违法行为决定书》（周环责字〔2018〕117号）、《行政处罚事先（听证）告知书》（周环罚告字〔2018〕117号），责令原告：立即停止环境违法行为，委托有资质的单位处置含酚废水，消除污染，清理现场；罚款人民币80万元，并于2018年10月19日向原告进行了送达。2018年10月30日，被告作出《行政处罚决定书》（周环罚字〔2018〕117号），认定原告在厂区西北角利用渗坑排放黑色、油状、煤焦油味含酚废水的行为违反了《中华人民共和国水污染防治法》（2017年）第三十九条的规定，依据《中华人民共和国水污染防治法》第八十三条第三项的规定，作出：（1）责令立即停止环境违法行为，委托有资质的单位处置含酚废水，消除污染，清理现场；（2）罚款人民币80万元。

淄博某建筑环保新材料有限公司不服行政处罚决定，向淄博市张店区人民法院起诉。一审法院认为，公安机关立案侦查是在行政处罚决定作出之后。根据相关规定，行政行为作出之后的证据，不能作为作出该行政行为的合法性证据使用，故也不能作为本案审理的依据。被告申请中止要求等公安刑事结果作出之后再定本案的行为是泄漏还是故意渗排的理由不成立，法院不予支持。而在本案中，被告并没有查清煤焦油出现的原因及责任主体，也没有查清是泄漏还是故意渗排，属于认定事实不清；被告提交的证据也不能够证实原告在厂区西北角有利用渗坑故意排放黑色、油状、煤焦油味含酚废水的行为，也属于认定事实不清。法院最终判决，撤销被告淄博市生态环境局周村分局于2018年10月30日作出的《行政处罚决定书》（周环罚字〔2018〕117号），责令被告淄博市生态环境局周村分局于本判决生效之日起在法定期限内重新作出行政行为。

淄博市生态环境局周村分局不服一审判决，向山东省淄博市中级人民法院提起上诉，请求撤销原审判决，发回重审或依法改判。二审法院审查认为，行政机关申请中止案件审理不符合中止的法定条件。二审法院最终作出判决，原审法院判决撤销上诉人2018年10月30日作出的行政处罚决定并责令上诉人在法定期限内重新作出行政行为，认定事实清楚，适用法律正确，审判程序合法，依法应予维持。上诉人淄博市生态环境局周村分局的上诉理由不能成立，驳回其诉讼请求。

案件涉及的法律问题

1. 逃避监管排放水污染物的事实认定

根据《中华人民共和国水污染防治法》第三十九条“禁止利用渗井、渗坑、裂隙、溶洞，私设暗管，篡改、伪造监测数据，或者不正常运行水污染防治设施等逃避监管的方式排放水污染物”和第八十三条第三项“违反本法规定，有下列行为之一的，由县级以上人民政府环境保护主管部门责令改正或者责令限制生产、停产整治，并处十万元以上一百万元以下的罚款；情节严重的，报经有批准权的人民政府批准，责令停业、关闭……（三）利用渗井、渗坑、裂隙、溶洞，私设暗管，篡改、伪造监测数据，或者不正常运行水污染防治设施等逃避监管的方式排放水污染物的”的规定可看出，上述条款规制的是行为人实施的主观上具有以逃避生态环境主管部门监管为目的的故意行为。而在本案中，经庭审查实，原告企业于 2016 年 12 月底已被周村区人民政府关停，并按照文件要求关停取缔后通过验收给予了补偿。从原告陈述来看，2014 年 3 月 1 日，原告将厂区出租给案外人朱某，涉案煤焦油系朱某在厂区内储存。2018 年 6 月 21 日，生态环境主管部门电话通知原告法定代表人吴某，要求其按照危险废物管理妥善处置厂区内的危险废物，在处理涉案煤焦油的过程中因软管破裂而出现了泄漏。单就其陈述而言，其行为并不属于前述的“以逃避监管的方式排放水污染物”的故意行为。在这种情况下，被告作为职能部门，在加大对污染环境的违法行为查处力度的同时，作出涉及罚款数额巨大行政处罚时，更应当持审慎的态度，确保行政处罚在事实清楚、证据确凿的前提下实施。

本案在执法过程中收集的证据明显存在不足，需要其他证据加以补充证明，因为执法人员无法补充证明，所以认为当事人逃避监管排放水污染物的违法行为属于事实认定不清、证据不足。

2. 责任主体的事实认定

本案淄博市生态环境局周村分局认定淄博某建筑环保新材料

有限公司在厂区西北角利用渗坑排放黑色、油状、煤焦油味含酚废水违反了法律规定，淄博某建筑环保新材料有限公司则提交政府文件等证据，主张其早在 2016 年 12 月即已被周村区人民政府关停取缔，并在关停取缔通过验收后获得了补偿，其不是违法责任主体。在 2018 年 9 月 29 日上诉人的调查询问笔录中，涉事企业法定代表人吴某已明确表示涉案煤焦油系承租其厂房的某公司在生产瓷砖过程中产生的副产品。2018 年 6 月，淄博市生态环境局要求企业对煤焦油进行妥善处置，但工人在处置过程中软管破裂造成煤焦油泄漏，同时，吴某提供了负责安排处置工作的办公室主任的联系方式。在该情况下，生态环境主管部门并没有进一步查清涉案煤焦油产生的时间、原因及责任主体，也没有查清企业在处置过程中污染物是不慎泄漏还是为了逃避监管故意渗排，生态环境主管部门提交的证据不能充分证明涉案煤焦油系被上诉人为逃避监管故意排放。因此，执法部门所作行政处罚决定对违法责任人的认定，事实不清，证据不足。

法条链接

《中华人民共和国行政诉讼法》

第六十一条第二款　在行政诉讼中，人民法院认为行政案件的审理需以民事诉讼的裁判为依据的，可以裁定中止行政诉讼。

第一百零一条　人民法院审理行政案件，关于期间、送达、财产保全、开庭审理、调解、中止诉讼、终结诉讼、简易程序、执行等，以及人民检察院对行政案件受理、审理、裁判、执行的监督，本法没有规定的，适用《中华人民共和国民事诉讼法》的相关规定。

《中华人民共和国民事诉讼法》（2017 年）

第一百五十条 有下列情形之一的，中止诉讼：

（一）一方当事人死亡，需要等待继承人表明是否参加诉讼的；

（二）一方当事人丧失诉讼行为能力，尚未确定法定代理人的；

（三）作为一方当事人的法人或者其他组织终止，尚未确定权利义务承受人的；

（四）一方当事人因不可抗拒的事由，不能参加诉讼的；

（五）本案必须以另一案的审理结果为依据，而另一案尚未审结的；

（六）其他应当中止诉讼的情形。

《中华人民共和国水污染防治法》（2018 年）

第三十九条 禁止利用渗井、渗坑、裂隙、溶洞，私设暗管，篡改、伪造监测数据，或者不正常运行水污染防治设施等逃避监管的方式排放水污染物。

第八十三条 违反本法规定，有下列行为之一的，由县级以上人民政府环境保护主管部门责令改正或者责令限制生产、停产整治，并处十万元以上一百万元以下的罚款；情节严重的，报经有批准权的人民政府批准，责令停业、关闭：

（一）未依法取得排污许可证排放水污染物的；

（二）超过水污染物排放标准或者超过重点水污染物排放总

量控制指标排放水污染物的；

（三）利用渗井、渗坑、裂隙、溶洞，私设暗管，篡改、伪造监测数据，或者不正常运行水污染防治设施等逃避监管的方式排放水污染物的；

（四）未按照规定进行预处理，向污水集中处理设施排放不符合处理工艺要求的工业废水的。

案件启示

1. 诉讼中止程序的适用范围

在本案中，生态环境主管部门在一诉、二诉期间均提出行政诉讼程序中止的申请，希望以公安部门对该公司逃避监管偷排的调查取证，来证明行政处罚对该公司违法情形的认定。但法院审查发现，公安机关立案侦查是在行政处罚决定作出之后，根据相关规定，行政行为作出之后的证据，不能作为作出该行政行为的合法性证据来使用，故也不能作为本案审理的依据。被告申请诉讼中止要求等公安刑事结果作出之后再确定本案涉及的行为是泄漏还是故意渗排的理由与法定行政诉讼终止的适用范围不符。

2. 行政诉讼过程中证据的质证

质证，是指在法官的主持下，当事人就有关证据进行辨认和对质，围绕证据的真实性、关联性和合法性及证据的证明力和证明力大小进行辩论。经过对质辩论，才能对证据进行确认。因此，一切证据均需要在法庭出示，并经法庭质证，才能作为定案根据，包括法院依职权调取的证据。

（1）证据交换与展示规则

①对于案情比较复杂或者证据数量较多的案件，人民法院可以组织当事人在开庭前向对方出示或者交换证据，并将交换证据的情况记录在卷。

②当事人申请人民法院调取的证据，由申请调取证据的当事人在庭审中出示，并由当事人质证。人民法院依职权调取的证据，由法庭出示，并可就调取该证据的情况进行说明，听取当事人的意见。

③对书证、物证和视听资料进行质证时，当事人应当出示证据的原件或者原物，但有下列情况之一的除外：出示原件或者原物确有困难并经法庭准许可以出示复制件或者复制品；原件或者原物已不存在，可以出示证明复制件、复制品或与原件、原物一致的其他证据。视听资料应当当庭播放或者显示，并由当事人进行质证。

（2）质证内容与方式规则

①当事人应当围绕证据的关联性、合法性和真实性，针对证据有无证明效力以及证明效力大小，进行质证。

②经法庭准许，当事人及其代理人可以就证据问题相互发问，也可以向证人、鉴定人或者勘验人发问。当事人及其代理人相互发问，或者向证人、鉴定人、勘验人发问时，发问的内容应

当与案件事实有关联，不得采用引诱、威胁、侮辱等语言或者方式。

③法庭在质证过程中，对与案件没有关联的证据材料，应予排除并说明理由。法庭在质证过程中准许当事人补充证据的，对补充的证据仍应进行质证。法庭对经过庭审质证的证据，除确有必要外，一般不再进行质证。

（3）重新鉴定规则

①原告或者第三人有证据或者有正当理由表明被告据以认定案件事实的鉴定结论可能有错误，在举证期限内书面申请重新鉴定的，人民法院应予准许。

②当事人对人民法院委托的鉴定部门作出的鉴定结论有异议的，可申请重新鉴定。

本案淄博市生态环境局周村分局和淄博某建筑环保新材料有限公司分别向一审法院提交了若干证据，双方对证据逐一辨认并提出质证意见，一审法院认证，淄博某建筑环保新材料有限公司提交的 5 张照片（证明存放煤焦油的池子具有防渗功能，不是渗坑），系第二次庭审中提交，本院不作效力确认；淄博市生态环境局周村分局提交的《行政处罚决定书》系本案被诉的行政行为，法院也不作效力确认。原告、被告提交的其他证据能够反映案件相关事实，本院确认为有效证据。

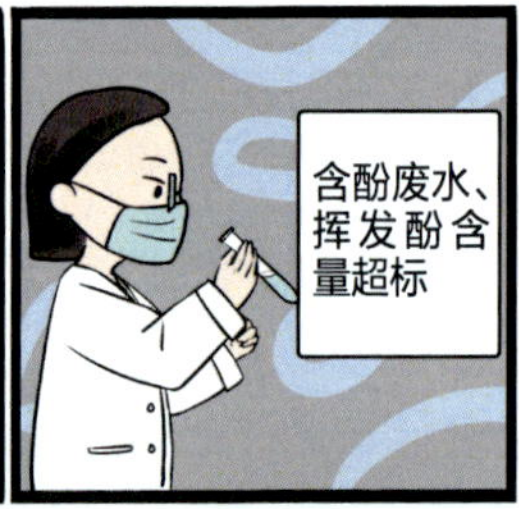

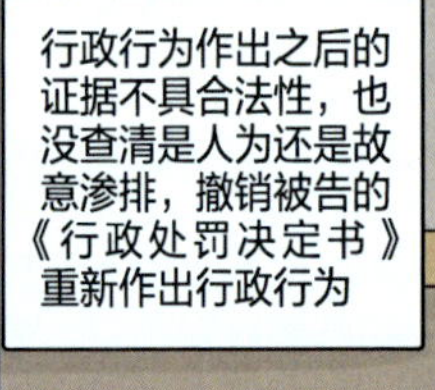

《中华人民共和国行政诉讼法》第六十一条第二款规定，在行政诉讼中，人民法院认为行政案件的审理需以民事诉讼的裁判为依据的，可以裁定中止行政诉讼。第一百零一条规定，人民法院审理行政案件，关于期间、送达、财产保全、开庭审理、调解、中止诉讼、终结诉讼、简易程序、执行等，以及人民检察院对行政案件受理、审理、裁判、执行的监督，本法没有规定，适用《中华人民共和国民事诉讼法》的相关规定。

案例 5 深圳市某微电子科技股份有限公司坪山分公司将危险废物委托给无许可证的单位从事经营活动案

基本案情

2020 年 4 月，广东省深圳市生态环境局将深圳市某微电子科技股份有限公司纳入“生态环境监督执法正面清单”。

2021 年 3 月，根据广东省韶关市生态环境主管部门通报的涉危险废物违法线索，深圳市生态环境局坪山管理局会同深圳市生态环境综合执法支队、韶关市生态环境局乳源分局和韶关市公安局等多家单位对深圳市某微电子科技股份有限公司坪山分公司（以下简称坪山分公司）进行了现场检查，发现坪山分公司委托无危险废物许可证的第三方公司转移、处置荧光废水、废脱模液等危险废物共计 14.62 吨。

坪山分公司的行为违反了《中华人民共和国固体废物污染环境防治法》第八十条的规定。2021 年 6 月，深圳市生态环境局坪山管理局依照《中华人民共和国固体废物污染环境防治法》第一百一十二条第一款第四项、第二款的规定，参照《深圳市环境行政处罚裁量权实施标准》第六版第十四章的规定，责令坪山分公司改正违法行为，并处所需处置费用的4.5倍即90万元的罚款，同时移送公安机关。2021年9月13日，公安机关对相关人员实施行政拘留6日。2021年11月5日，深圳市生态环境局将坪山分公司的总公司某微电子科技股份有限公司移出正面清单，并在深圳市生态环境局官网向社会公开。

案件涉及的法律问题

1. 危险废物经营许可证的规定

对危险废物收集、利用、处置活动实行许可证管理，是依法治国和环境治理体系现代化的重要组成部分，是加强环境监督管理的必要手段。危险废物所具有的环境危害特性决定了从事危险废物的收集、贮存、利用、处置活动的单位须具备相应的专业技术条件、设施设备、运营操作和管理能力，从事此类工作的人员也须具备一定的专业技术知识和能力。否则，有可能在危险废物收集、贮存、利用、处置过程中造成环境污染和危害，导致严重污染事故，从而对环境和人民群众的生命健康造成严重损害。

《中华人民共和国固体废物污染环境防治法》第八十条第三

款规定：禁止将危险废物提供或者委托给无许可证的单位或者其他生产经营者从事收集、贮存、利用、处置活动。此款对危险废物产生者、收集者、转移者作了禁止性规定。明确了提供或委托的“事前查验”原则，即产生者在将自己产生的危险废物提供或委托给他人收集、贮存、利用、处置前有责任查明验实对方是否持有对应范围的许可证且具备收集、贮存、利用、处置相应类别危险废物的能力和资格条件。未查明验实便提供或委托的，或者明知对方无许可证或虽有许可证但其与拟接受的危险废物不相符而仍向对方提供或委托的行为，均属违法行为。

根据《中华人民共和国固体废物污染环境防治法》第一百一十二条第一款的规定，以违法行为所逃避的相应环保成本即危险废物处置费用作为计罚标准，更为合理可行，而且处罚额度增加显著。同时，考虑到违法行为隐蔽性强，执法力量不足，难以查获所有被违法处理的危险废物，因此该条款还规定“处置费用不足二十万元的，按二十万元计算”。

2. 移送行政拘留的适用

为切实提高违法成本，进一步加大处罚力度，除了提高罚款额度，更重要的是引入新的处罚种类。对于违法行为人而言，除了罚款等财产罚，人身自由罚更具有震慑力。从环境监管执法实际来看，对于一般的环境违法行为，由生态环境主管部门通过责令改正、处以罚款等处罚方式可以达到管理和制止的目的，但对一些严重的环境违法行为，必须对有关责任人处以限制人身自由的行政处罚，才能形成有效的震慑。依照《中华人民共和国行政处罚法》，行政拘留也是行政处罚的一种，属于人身自由罚，即对某些比较严重但又尚未构成犯罪的违法行为，依法予以限制人身自由的处罚。

实践中对将危险废物提供或者委托给无许可证的单位或者其他生产经营者从事经营活动实施行政拘留时，应注意把握好以下几点：一是行政拘留只能由公安机关实施。《中华人民共和国行政处罚法》规定，限制人身自由的行政处罚权只能由公安机关和法律规定的其他机关行使。因此，对于生态环境主管部门而言，执法过程中发现有符合行政拘留适用条件的违法行为，应当及时移送公安机关。2014 年 12 月，公安部、工业和信息化部、环境保护部、农业部、国家质量监督检验检疫总局联合印发了《行政主管部门移送适用行政拘留环境违法案件暂行办法》，对如何移送适用行政拘留的案件作了比较具体的规定。该暂行办法同样适用于符合《中华人民共和国固体废物污染环境防治法》第一百二十条规定情形案件的移送。二是并非所有将危险废物提供或者委托给无许可证的单位或者其他生产经营者从事经营活动的都适用行政拘留。《中华人民共和国固体废物污染环境防治法》第八十条第三款规定：禁止将危险废物提供或者委托给无许可证的单位或者其他生产经营者从事收集、贮存、利用、处置活动，而根据第一百二十条第三项的规定，将危险废物提供或者委托给无许可证的单位或者其他生产经营者堆放、利用、处置的，公安机关对法定代表人、主要负责人、直接负责的主管人员和其他负责人员予以行政拘留。因此，行政拘留仅限定于堆放、利用和处置三种行为，收集、运输等行为不适用行政拘留。三是行政拘留适用于企业事业单位和其他生产经营者的法定代表人、主要负责人、直接负责的主管人员和其他责任人员。法定代表人是指依照法律或者法人章程的规定，代表法人从事民事活动的负责人；主要负责人一般指单位的法定代表人或者依法代表单位行使职权的负责人；直接负责的主管人员是指违法行为主要获利者和在生产、经营中有决定权的管理、指挥、组织人员；其他责任人员指直接从事违法行为的工作人员。

法条链接

《中华人民共和国固体废物污染环境防治法》（2020 年）

第八十条 从事收集、贮存、利用、处置危险废物经营活动的单位，应当按照国家有关规定申请取得许可证。许可证的具体管理办法由国务院制定。

禁止无许可证或者未按照许可证规定从事危险废物收集、贮存、利用、处置的经营活动。

禁止将危险废物提供或者委托给无许可证的单位或者其他生产经营者从事收集、贮存、利用、处置活动。

第一百一十二条 违反本法规定，有下列行为之一，由生态环境主管部门责令改正，处以罚款，没收违法所得；情节严重的，报经有批准权的人民政府批准，可以责令停业或者关闭：

（一）未按照规定设置危险废物识别标志的；

（二）未按照国家有关规定制定危险废物管理计划或者申报危险废物有关资料的；

（三）擅自倾倒、堆放危险废物的；

（四）将危险废物提供或者委托给无许可证的单位或者其他生产经营者从事经营活动的；

（五）未按照国家有关规定填写、运行危险废物转移联单或者未经批准擅自转移危险废物的；

（六）未按照国家环境保护标准贮存、利用、处置危险废物或者将危险废物混入非危险废物中贮存的；

（七）未经安全性处置，混合收集、贮存、运输、处置具有不相容性质的危险废物的；

（八）将危险废物与旅客在同一运输工具上载运的；

（九）未经消除污染处理，将收集、贮存、运输、处置危险废物的场所、设施、设备和容器、包装物及其他物品转作他用的；

（十）未采取相应防范措施，造成危险废物扬散、流失、渗漏或者其他环境污染的；

（十一）在运输过程中沿途丢弃、遗撒危险废物的；

（十二）未制定危险废物意外事故防范措施和应急预案的；

（十三）未按照国家有关规定建立危险废物管理台账并如实记录的。

有前款第一项、第二项、第五项、第六项、第七项、第八项、第九项、第十二项、第十三项行为之一，处十万元以上一百万元以下的罚款；有前款第三项、第四项、第十项、第十一项行为之一，处所需处置费用三倍以上五倍以下的罚款，所需处置费用不足二十万元的，按二十万元计算。

第一百二十条 违反本法规定，有下列行为之一，尚不构成犯罪的，由公安机关对法定代表人、主要负责人、直接负责的主管人员和其他责任人员处十日以上十五日以下的拘留；情节较轻的，处五日以上十日以下的拘留：

（一）擅自倾倒、堆放、丢弃、遗撒固体废物，造成严重后果的；

（二）在生态保护红线区域、永久基本农田集中区域和其他需要特别保护的区域内，建设工业固体废物、危险废物集中贮存、利用、处置的设施、场所和生活垃圾填埋场的；

（三）将危险废物提供或者委托给无许可证的单位或者其他生产经营者堆放、利用、处置的；

（四）无许可证或者未按照许可证规定从事收集、贮存、利用、处置危险废物经营活动的；

（五）未经批准擅自转移危险废物的；

（六）未采取防范措施，造成危险废物扬散、流失、渗漏或者其他严重后果的。

案件启示

1. 生态环境监督执法正面清单制度是提高执法效能的重要抓手

为统筹做好新冠肺炎疫情防控和经济社会发展生态环境保护工作，积极服务落实“六稳”“六保”任务，2020 年 3 月，生态环境部印发《关于统筹做好疫情防控和经济社会发展生态环保工作的指导意见》，提出建立实施环评审批正面清单和监督执法正面清单制度，指导各地积极探索完善相关制度，将其作为转变执法理念、优化执法方式的重要抓手。突出分类监管、精准执法，对正面清单企业主要采取非现场方式开展执法检查，审慎采取查封扣押和限产停产措施，精准帮扶企业复工复产。

监督执法正面清单制度是根据社会经济发展和形势变化对环境监督管理政策及时调整完善的成果，是生态环境系统做好“六稳”工作、落实“六保”任务的重要举措。实施监督执法正面清单制度，压减不必要的现场执法检查，切实减轻企业负担，是深化“放管服”改革、优化营商环境、形成全社会共同推进环境治理良好格局的重要举措。实施监督执法正面清单制度，推动非现场执法检查和差异化监管，也是优化生态环境保护执法方式，提高执法效能的重要抓手。

2021年1月，生态环境部印发《关于优化生态环境保护执法方式提高执法效能的指导意见》，明确要求各地建立实施监督执法正面清单制度，明确清单编制、审定、公开程序，采取差异化监管措施。进一步推动各级生态环境主管部门优化执法方式、完善执法机制、规范执法行为，全面提高生态环境执法效能。2021年4月，生态环境部办公厅印发了《关于加强生态环境监督执法正面清单管理推动差异化执法监管的指导意见》，提出明确纳入条件、实施动态管理、减少现场检查、推行非现场执法等10项制度化、常态化措施，要求各地将装备水平先进、治污设施运行正常、守法状况良好的企业纳入，并鼓励将与民生保障密切相关的，污染物排放量小、环境风险低、吸纳就业能力强的小微企业纳入。

2. 坚持生态环境执法严的主基调，方向不变、力度不减

实施监督执法正面清单制度，对正面清单企业免予或减少现场执法检查，不等同于对企业不管不问和降低要求，各级生态环境主管部门应将监督执法正面清单制度纳入执法计划并与“双随机、一公开”监管制度有效统筹。正面清单企业未主动报告情况，或存在其他恶意违法行为的，要依法从严从重处罚，涉嫌犯罪的要依法移送公安机关，将其移出正面清单，列为“双随机、一公开”特殊监管对象，并向社会公开。同时，在正面清单有效期内，生态环境主管部门要组织对清单企业至少进行一次“体检式”现场帮扶，及时了解企业现状，督促企业提高环境管理水

平，这也是防止对正面清单企业“不管不问”“失于监管”的重要措施。

对存在严重、恶意违法行为的正面清单企业依法进行处罚并将其移除出正面清单，反映了生态环境保护工作坚持方向不变、力度不减，突出精准治污、科学治污、依法治污，坚守生态环境保护底线。对于群众反映强烈、损害群众利益的企业，或者存在偷排偷放、弄虚作假、恶意排污的企业坚决依法严惩，决不姑息、纵容，真正实现对守法者“无事不扰”，对违法者“利剑高悬”。

《中华人民共和国固体废物污染环境防治法》第一百一十二条第一款规定：将危险废物提供或者委托给无许可证的单位或者其他生产经营者从事经营活动的……处所需处置费用三倍以上五倍以下的罚款，所需处置费用不足二十万元的，按二十万元计算。

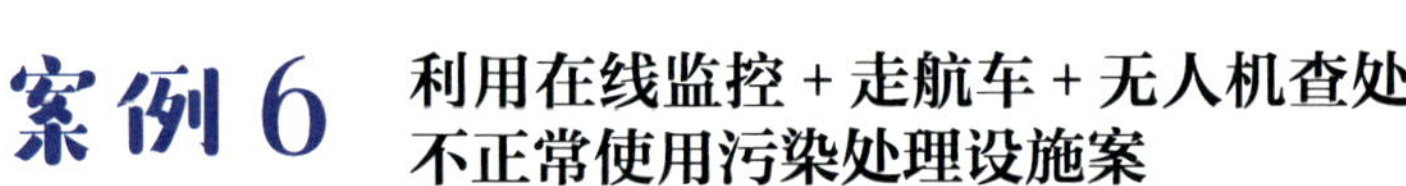

案例 6 利用在线监控 + 走航车 + 无人机查处不正常使用污染处理设施案

基本案情

自 2021 年 7 月 8 日起，宁波市生态环境局北仑分局通过 VOCs 在线监控巡查，发现区域内某化工企业厂界 VOCs 在线数据出现偶发性异常情况。为进一步缩小溯源范围并锁定可疑企业，宁波市生态环境局北仑分局执法人员立即出动 VOCs 走航车对该化工企业周边进行走航监测，走航车边行驶、边检测、边反馈，最终描绘出污染地图。执法人员同步对该化工企业厂区开展全面排查核实，未发现明显产生 VOCs 的作业，结合现场风向情况以及 VOCs 走航车检测出的特征因子，综合分析研判后将重点怀疑对象锁定为该化工企业上风向的某高分子科技公司。

执法人员随即进入该高分子科技公司开展执法检查，同步使用无人机红外热成像功能确定厂区作业情况，并对高处生产装置和废气处理设施进行近距离扫描和人工核查，发现该公司 RTO

炉膛温度较高，导致应急阀门开启，部分废气未经处理直接从应急阀门处排放至外环境。同时，执法人员使用手持式 VOCs 检测仪器进行检测，核实污染源位置。经检测，阀门处 VOCs 浓度为 522 毫克 / 米 ^{3}。经询问该高分子科技公司的相关负责人，执法人员得知该公司的此套 RTO 装置于 2021 年 7 月 5 日 15 时左右开始投用调试，投运后发现设施仍有所波动，经与设计单位、厂家进一步沟通，设计数据与正式投产后实际情况有所偏差，导致该情况的发生。其中，7 月 9 日异常情况持续了半小时左右，7 月 11 日持续了 7 个小时左右。应急阀门排出来的废气是沸石转轮浓缩气及模头气的混合气，主要污染因子为非甲烷总烃和环己烷。负责人表示下一步将通过调节工艺或降低生产负荷来减少进入 RTO 的废气浓度，同时加强内部管理，提高巡查频次，及时发现并采取措施，减少对周边环境的影响。现场检查期间，该高分子科技公司已根据执法人员要求，立即调整工况，使 RTO 恢复正常平稳运行，废气达标排放。

因该公司的上述行为违反了《中华人民共和国大气污染防治法》第二十条第二款的规定，根据《中华人民共和国大气污染防治法》第九十九条第三项的规定，结合《浙江省生态环境厅关于印发〈浙江省生态环境行政处罚裁量基准规定〉的通知》（浙环发〔2020〕10 号），宁波市生态环境局对该公司处 10 万元罚款。

案件涉及的法律问题

以逃避监管方式排放大气污染物

在实践中，受经济利益驱使，一些不法企业通过各种方式逃避监管，违法排放大气污染物。对这些行为，必须予以严厉打击。《中华人民共和国环境保护法》第四十二条第四款规定：严禁通过暗管、渗井、渗坑、灌注或者篡改、伪造监测数据，或者不正常运行污染防治设施等逃避监管的方式违法排放污染物。逃避监管的方式包括偷排，如有的企业为了逃避监管“昼伏夜出”，在晚上违规排放大气污染物；篡改或者伪造监测数据，如有的企业修改监测设备的参数，将超标排放变成达标排放；以逃避现场检查为目的的临时停产；非紧急情况下开启应急排放通道（应急排放通道是指由生产设施事故排放口直接排放或通过旁路绕过污染物处理设施的排放通道）；不正常运行大气污染防治设施等逃避监管的方式，如有的企业为降低运行成本，只在生态环境主管部门检查时运行污染防治设施，平时不运行或者时开时停，造成大量污染物未经处理直接排放，严重污染大气环境。

《行政主管部门移送适用行政拘留环境违法案件暂行办法》第七条明确了《中华人民共和国环境保护法》第六十三条第三项规定的通过不正常运行污染防治设施等逃避监管的方式违法排放

污染物的七种情形。

根据《中华人民共和国环境保护法》第六十三条、第六十九条，以及《中华人民共和国大气污染防治法》第九十九条、第一百二十三条的规定，对通过逃避监管的方式违法排放大气污染物的行为，可以处以罚款、责令停产、关闭、按日连续处罚、对直接负责的主管人员和其他直接责任人员予以行政拘留；构成犯罪的，依法追究刑事责任。

法条链接

《中华人民共和国大气污染防治法》（2018 年）

第二十条 企业事业单位和其他生产经营者向大气排放污染物的，应当依照法律法规和国务院生态环境主管部门的规定设置大气污染物排放口。

禁止通过偷排、篡改或者伪造监测数据、以逃避现场检查为目的的临时停产、非紧急情况下开启应急排放通道、不正常运行大气污染防治设施等逃避监管的方式排放大气污染物。

第九十九条 违反本法规定，有下列行为之一的，由县级以上人民政府生态环境主管部门责令改正或者限制生产、停产整治，并处十万元以上一百万元以下的罚款；情节严重的，报经有批准权的人民政府批准，责令停业、关闭：

（一）未依法取得排污许可证排放大气污染物的；

（二）超过大气污染物排放标准或者超过重点大气污染物排放总量控制指标排放大气污染物的；

（三）通过逃避监管的方式排放大气污染物的。

案件启示

利用科技手段推行非现场检查

非现场检查是以不进入或最少频次进入现场，对企业不干扰或以最低程度干扰的方式完成执法检查。该案件是通过“在线监控＋走航车＋无人机”科技叠加方式，精准锁定隐蔽性较强的环境违法行为的典型案例。利用厂界 VOCs 在线监控如哨兵般对区域的环境质量进行管控；在线监控发现异常数据后，利用 VOCs 走航车强大的数据分析能力，对污染因子进行定性和定量分析，进一步缩小溯源排查范围，快速锁定可疑对象；最后利用无人机红外热成像功能将企业废气的走向直观地呈现在执法人员面前，确定厂区作业情况，精准发现污染源位置。整个案件在科技手段叠加的情况下，使原来可能投入大量人力排查的问题瞬间得到解决，极大地提升了发现问题能力，用科技手段实现精准执法。

面对日益隐蔽的环境违法行为，将科技手段有效应用到环境执法工作中，是提升发现问题能力，提高执法效能的有效手段。大力拓展非现场监管的手段及应用，推行在线监控、视频监控和环保设施用水、用电监控等物联网监管手段，积极利用无人机、无人船、走航车以及卫星遥感等科技手段，可以有效实现执法人员从面到块再到点的发现问题能力，使执法精准性得到大幅提升，可以有效解决以前使用常规执法手段时存在的排查过程长、发现问题难等一系列问题，为执法人员高效精准执法提供了科技保障，实现了“人防+技防”的美好愿望。

生态环境执法工作要构建以污染源自动监控为主要手段，辅以视频监控、用电用能监控、无人机、卫星遥感、走航车等多种手段综合运用的非现场监管模式，使执法方式由原来的“人海战术”“撒网式监管”向“科技执法”“精准化监管”转变。

以污染源自动监控为非现场监管的主要手段，推行在线监控、视频监控和环保设施用水、用电监控等物联网监管手段，积极利用无人机、无人船、走航车以及卫星遥感等科技手段，科学建立大数据采集分析、违法风险监测预警等工作程序，明确启动现场检查的衔接机制。

案例7 浙江杭州查处在江河擅自新建排污口案

基本案情

2021年3月30日，杭州市生态环境局余杭分局（现为杭州市生态环境局临平分局）执法人员接群众举报，对杭州某酒业有限公司进行现场检查，在该公司厂区北侧何家弄港河道发现有两根白色塑料排污管，现场未发现排水，但河道表面有白色泡沫。经进一步调查，该公司涉嫌未经有关部门同意，擅自在江河新建排污口，用于排放糖化车间设备清洗废水。执法人员对河道河水和糖化车间内排放口废水进行采样，监测结果显示pH、化学需氧量、氨氮、总磷等指标均符合《污水综合排放标准》（GB 8978—1996）表4中的一级标准。

杭州某酒业有限公司的行为违反了《中华人民共和国水法》第三十四条第二款的规定。杭州市生态环境局余杭分局依据《中华人民共和国水法》第六十七条第二款的规定，对该公司处以5万元罚款。

案件涉及的法律问题

对擅自在江河、湖泊新建、改建或者扩大排污口的处罚

《中华人民共和国水法》第六十七条第二款规定，未经水行政主管部门或者流域管理机构审查同意，擅自在江河、湖泊新建、改建或者扩大排污口的，由县级以上人民政府水行政主管部门或者流域管理机构依据职权，责令停止违法行为，限期恢复原状，处五万元以上十万元以下的罚款。《入河排污口监督管理办法》（水利部令　第22号）第二十一条第一款规定，未经有管辖权的县级以上地方人民政府水行政主管部门或者流域管理机构审查同意，擅自在江河、湖泊设置入河排污口的，依照《中华人民共和国水法》第六十七条第二款追究法律责任。虽经审查同意，但未按要求设置入河排污口的，依照《中华人民共和国水法》第六十五条第三款和《中华人民共和国防洪法》第五十八条追究法律责任。

2018年2月28日，党的十九届三中全会通过《中共中央关于深化党和国家机构改革的决定》。3月，中共中央印发《深化党和国家机构改革方案》，明确组建生态环境部，统一行使生态和城乡各类污染排放监管与行政执法职责，加强环境污染治理，保障国家生态安全，建设美丽中国，将环境保护部的职责，国家发展和改革委员会的应对气候变化和减排职责，国土资源部的监督防止地下水污染职责，水利部的编制水功能区划、排污口设置管理、流域水环境保护职责，农业部的监督指导农业面源污染治理职责，国家海洋局的海洋环境保护职责，国务院南水北调工程建设委员会办公室的南水北调工程项目区环境保护职责进行整合后组建生态环境部，作为国务院组成部门。同时，整合组建生态环境保护综合执法队伍。整合环境保护和国土、农业、水利、海洋等部门相关污染防治和生态保护执法职责、队伍，统一实行生态环境保护执法，由生态环境部指导。

根据深化党和国家机构改革有关安排部署，经国务院同意，2020 年 3 月，生态环境部印发了《生态环境保护综合行政执法事项指导目录（2020 年版）》（以下简称《指导目录》）。《指导目录》是落实统一实行生态环境保护执法要求、明确生态环境保护综合行政执法职能的重要文件。《指导目录》主要梳理截至 2020 年 3 月有效并适用的生态环境保护领域法律、行政法规和部门规章 70 部，其中包括 15 部法律、22 部法规、33 部规章。共梳理依据法律、法规设定的行政处罚和行政强制事项，以及部门规章设定的警告、罚款的行政处罚事项 248 项，其中含行政处罚 228 项、行政强制 20 项，包括原来环境保护主管部门负责的执法事项 217 项、其他部门划入执法事项 31 项。根据《全国人大常委会关于国务院机构改革涉及法律规定的行政机关职责调整问题的决定》和国务院印发《关于国务院机构改革涉及行政法规规定的行政机关职责调整问题的决定》，现行法律行政法规规定的行政机关职责和工作，机构改革方案确定由组建后的行政机关或者划入职责的行政机关承担的，在有关法律行政法规规定尚未修改之前，调整适用有关法律行政法规规定，由组建后的行政机关或者划入职责的行政机关承担；相关职责尚未调整到位之前，由原承担该职责和工作的行政机关继续承担。

法条链接

《中华人民共和国水法》（2016 年）

第三十四条 禁止在饮用水水源保护区内设置排污口。

在江河、湖泊新建、改建或者扩大排污口，应当经过有管辖权的水行政主管部门或者流域管理机构同意，由环境保护行政主管部门负责对该建设项目的环境影响报告书进行审批。

第六十七条 在饮用水水源保护区内设置排污口的，由县级以上地方人民政府责令限期拆除、恢复原状；逾期不拆除、不恢复原状的，强行拆除、恢复原状，并处五万元以上十万元以下的罚款。

未经水行政主管部门或者流域管理机构审查同意，擅自在江河、湖泊新建、改建或者扩大排污口的，由县级以上人民政府水行政主管部门或者流域管理机构依据职权，责令停止违法行为，限期恢复原状，处五万元以上十万元以下的罚款。

案件启示

经浙江省人民政府同意，2020 年 12 月，浙江省生态环境厅印发《浙江省生态环境保护综合行政执法事项目录（2020 年版）》（以下简称《事项目录》）。《事项目录》以生态环境部《指导目录》为基础，结合浙江省地方立法和部分法律法规立、改、废、释情况，对生态环境保护领域依据国家法律、法规、规章和地方性法规、规章设定的行政处罚和行政强制事项进行了细化、补充和完善。《事项目录》主要梳理规范了浙江省生态环境保护综合行政执法的事项名称、职权类型、实施依据（违则和罚则）、实施主体（生态环境主管部门）以及第一责任层级。《事项目录》共确定浙江省生态环境行政执法事项 225 个，其中包括行政处罚事项 207 个、行政强制事项 18 个；体例上按共性、基础性法律、法规和生态、水、大气、噪声、土壤、固体废物、辐射、海洋等单行法律、法规编排。《事项目录》涉及国家层面法律、行政法规和部门规章事项 199 项，浙江省地方法规和政府规章事项 26 项。另外，依照本轮机构改革职责划转，《事项目录》纳入农业农村、水利、林业等相关部门划入的执法事项 11 个。

根据生态环境保护综合行政执法改革要求，浙江省将农业农村、水利、林业等部门划入的执法事项纳入生态环境保护综合行政执法事项。严格履行职责，依职权对擅自在江河、湖泊新建、改建或者扩大排污口的违法行为严肃查处。

将农业农村、水利、林业等部门划入的执法事项纳入生态环境保护综合行政执法事项。严格履行职责，依职权对擅自在江河、湖泊新建、改建或者扩大排污口的违法行为严肃查处。

案例 8 上海市某工业（上海）有限公司未按照排污许可证要求安装在线监测设施案

基本案情

2021 年 6 月 22 日，上海市生态环境局执法总队工作人员在对一类污染物进行专项执法检查时，发现某工业（上海）有限公司涉嫌存在未按照排污许可证规定安装自动监测设备的情况。该公司行业类别为汽车零部件生产，经查阅《固定污染源排污许可分类管理名录（2019 年版）》，该公司属于重点管理类企业。该公司现有镀镍生产线和镀锌镍生产线各一条，已安装铬、镍在线监测设施，经调查，现有两条电镀生产线工艺中均包含可能产生六价铬的铬钝化工艺。执法人员在检查该公司自动监测设备并比对排污许可证时发现，排污许可证副本上明确要求企业需在废水排放口安装针对六价铬因子的在线监测设施，但企业实际仅在含铬废水、含镍废水排放口分别安装了总铬、总镍的在线监测设施，现有在线监测中均不包含针对六价铬因子的监测，与排污许可证提出的在线监测要求不符。

经核查，该公司的上述行为违反了《排污许可管理条例》第二十条第一款的规定，上海市生态环境局执法总队根据《排污许可管理条例》第三十六条第四项的规定，责令该公司改正上述环境违法行为，并处罚款 6.68 万元。

案件涉及的法律问题

《中华人民共和国环境保护法》第四十二条第三款规定：重点排污单位应当按照国家有关规定和监测规范安装使用监测设备，保证监测设备正常运行，保存原始监测记录。同时，《中华人民共和国水污染防治法》第二十三条规定：重点排污单位还应当安装水污染物排放自动监测设备，与环境保护主管部门的监控设备联网，并保证监测设备正常运行。具体办法由国务院环境保护主管部门规定。应当安装水污染物排放自动监测设备的重点排污单位名录，由设区的市级以上地方人民政府环境保护主管部门根据本行政区域的环境容量、重点水污染物排放总量控制指标的要求以及排污单位排放水污染物的种类、数量和浓度等因素，商同级有关部门确定。《中华人民共和国大气污染防治法》对重点污染源自动监测也提出具体要求，其第二十四条规定：企业事业单位和其他生产经营者应当按照国家有关规定和监测规范，对其排放的工业废气和本法第七十八条规定名录中所列的有毒有害大气污染物进行监测，并保存原始监测记录。其中，重点排污单位应当安装、使用大气污染物排放自动监测设备，与生态环境主管部门的监控设备联网，保证监测设备正常运行并依法公开排放信息。监测的具体办法和重点排污单位的条件由国务院生态环境主管部门规定。重点排污单位名录由设区的市级以上地方人民政府生态环境主管部门按照国务院生态环境主管部门的规定，根据本行政区域的大气环境承载力、重点大气污染物排放总量控制指标的要求以及排污单位排放大气污染物的种类、数量和浓度等因素，商有关部门确定，并向社会公布。

法条链接

《排污许可管理条例》（2021 年）

第二十条　实行排污许可重点管理的排污单位，应当依法安装、使用、维护污染物排放自动监测设备，并与生态环境主管部门的监控设备联网。

排污单位发现污染物排放自动监测设备传输数据异常的，应当及时报告生态环境主管部门，并进行检查、修复。

第三十六条　违反本条例规定，排污单位有下列行为之一的，由生态环境主管部门责令改正，处 2 万元以上 20 万元以下的罚款；拒不改正的，责令停产整治：

（一）污染物排放口位置或者数量不符合排污许可证规定；

（二）污染物排放方式或者排放去向不符合排污许可证规定；

（三）损毁或者擅自移动、改变污染物排放自动监测设备；

（四）未按照排污许可证规定安装、使用污染物排放自动监测设备并与生态环境主管部门的监控设备联网，或者未保证污染物排放自动监测设备正常运行；

（五）未按照排污许可证规定制定自行监测方案并开展自行监测；

（六）未按照排污许可证规定保存原始监测记录；

（七）未按照排污许可证规定公开或者不如实公开污染物排放信息；

（八）发现污染物排放自动监测设备传输数据异常或者污染物排放超过污染物排放标准等异常情况不报告；

（九）违反法律法规规定的其他控制污染物排放要求的行为。

案件启示

《排污许可管理条例》（以下简称《条例》）于2020年12月9日由国务院第117次常务会议通过，并于2021年3月1日起施行。《条例》根据党中央、国务院关于用重典治理环境违法行为的部署，对违法者相关法律责任作了严格规定。实施《条例》，是推进环境治理体系和治理能力现代化的重要内容，是落实企业事业单位和其他生产经营者治污主体责任，实现精准治污、科学治污、依法治污的有力举措，同时有利于推动形成公平规范的环境执法守法秩序。

《排污许可管理条例》第三十六条第四项规定：未按照排污许可证规定安装、使用污染物排放自动监测设备并与生态环境主管部门的监控设备联网，或者未保证污染物排放自动监测设备正常运行的，生态环境主管部门责令改正，处 2 万元以上 20 万元以下的罚款；拒不改正的，责令停产整治。

案例 9 未按规定设置危险废物识别标志不予处罚案

基本案情

2021 年 4 月 26 日，潜江市生态环境保护综合执法支队对湖北某建筑工程机械有限公司进行现场检查，检查时该公司正在生产，生产过程中产生的废油漆桶、废矿物油贮存在该公司 2 号车间西面的一个仓库内，该仓库作为危险废物贮存场所未按规定设置危险废物识别标志。

该公司的上述行为违反了《中华人民共和国固体废物污染环境防治法》第七十七条的规定。根据《中华人民共和国固体废物污染环境防治法》第一百一十二条第一款第一项的规定，潜江市生态环境保护综合执法支队责令该企业改正违法行为，并对其处以十万元以上一百万元以下的罚款。2021 年 4 月 28 日，潜江市生态环境局对该公司下达了《责令改正违法行为决定书》。该公司在收到《责令改正违法行为决定书》后的 1 个工作日内完成了整改。2021 年 4 月 30 日，经潜江市生态环境局行政处罚案件集体讨论审议，鉴于该公司违法行为轻微，及时纠正且未产生危害后果，适用《湖北省生态环境轻微违法不予处罚事项清单（2021 年版）》第十一项的规定，决定对该公司不进行行政处罚。4 月 30 日，潜江市生态环境局向该公司送达了《不予行政处罚决定书》。

案件涉及的法律问题

1. 设置危险废物识别标志的管理规定

《中华人民共和国固体废物污染环境防治法》（2020 年修订）第七十七条规定，对危险废物的容器和包装物以及收集、贮存、运输、利用、处置危险废物的设施、场所，应当按照规定设置危险废物识别标志。根据此规定，识别标志的适用即必须适用设置的对象，包括器物和设施场地两个方面。设施场地包括收集、贮存、运输、处置的工具、设备、设施、场地等，如收集危险废物的工具、器物，运输工具，堆放、转运或暂贮存场所，危险废物接收或处理、处置设施、场所等。凡在本条所规定范围之列的容器和包装物以及设施、场所等，都必须执行有关危险废物识别标志的规定，依要求使用、悬挂、粘贴、设置与危险废物性质和类别相应的识别标志。

第一百一十二条规定，未按照规定设置危险废物识别标志的，由生态环境主管部门责令改正，处十万元以上一百万元以下的罚款，没收违法所得；情节严重的，报经有批准权的人民政府批准，可以责令停业或者关闭。

2. 轻微违法行为免予处罚

《生态环境部关于进一步规范适用环境行政处罚自由裁量权的指导意见》（环执法〔2019〕42 号）中“（十三）裁量的特殊情形”中的“3. 有下列情形之一的，可以免予处罚……（3）其他违法行为轻微并及时纠正，没有造成危害后果的”。《中华人民共和国行政处罚法》（2021 年修订）第三十三条第一款规定：违法行为轻微并及时改正，没有造成危害后果的，不予行政处罚。初次违法且危害后果轻微并及时改正的，可以不予行政处罚。2021 年 4 月 17 日，湖北省生态环境厅依据《中华人民共和国行政处罚法》《湖北省环境行政处罚自由裁量基准》《生态环境部关于进一步规范适用环境行政处罚自由裁量权的指导意见》，印发《湖北省生态环境轻微违法不予处罚事项清单（2021 年版）》，明确 15 项生态环境轻微违法不予处罚事项，其中包括未设置危险废物识别标志以及未规范设置危险废物识别标志的行为，且在 3 个工作日内完成整改，没有造成危害后果的不予处罚。

经潜江市生态环境局行政处罚案件集体讨论审议，认为涉案公司的危险废物贮存场所未按规定设置危险废物识别标志，在收到《责令改正违法行为决定书》后 1 个工作日内完成了整改，未造成危害后果，符合《湖北省生态环境轻微违法不予处罚事项清单（2021 年版）》中的适用情形，决定对其不予行政处罚。随后，潜江市生态环境局向该公司送达了《不予行政处罚决定书》。

法条链接

《中华人民共和国固体废物污染环境防治法》（2020 年）

第七十七条 对危险废物的容器和包装物以及收集、贮存、运输、利用、处置危险废物的设施、场所，应当按照规定设置危险废物识别标志。

第一百一十二条 违反本法规定，有下列行为之一，由生态环境主管部门责令改正，处以罚款，没收违法所得；情节严重的，报经有批准权的人民政府批准，可以责令停业或者关闭：

（一）未按照规定设置危险废物识别标志的；

（二）未按照国家有关规定制定危险废物管理计划或者申报危险废物有关资料的；

（三）擅自倾倒、堆放危险废物的；

（四）将危险废物提供或者委托给无许可证的单位或者其他生产经营者从事经营活动的；

（五）未按照国家有关规定填写、运行危险废物转移联单或者未经批准擅自转移危险废物的；

（六）未按照国家环境保护标准贮存、利用、处置危险废物或者将危险废物混入非危险废物中贮存的；

（七）未经安全性处置，混合收集、贮存、运输、处置具有不相容性质的危险废物的；

（八）将危险废物与旅客在同一运输工具上载运的；

（九）未经消除污染处理，将收集、贮存、运输、处置危险废物的场所、设施、设备和容器、包装物及其他物品转作他用的；

（十）未采取相应防范措施，造成危险废物扬散、流失、渗漏或者其他环境污染的；

（十一）在运输过程中沿途丢弃、遗撒危险废物的；

（十二）未制定危险废物意外事故防范措施和应急预案的；

（十三）未按照国家有关规定建立危险废物管理台账并如实记录的。

有前款第一项、第二项、第五项、第六项、第七项、第八项、第九项、第十二项、第十三项行为之一，处十万元以上一百万元以下的罚款；有前款第三项、第四项、第十项、第十一项行为之一，处所需处置费用三倍以上五倍以下的罚款，所需处置费用不足二十万元的，按二十万元计算。

《中华人民共和国行政处罚法》（2021年）

第三十三条 违法行为轻微并及时改正，没有造成危害后果的，不予行政处罚。初次违法且危害后果轻微并及时改正的，可以不予行政处罚。

当事人有证据足以证明没有主观过错的，不予行政处罚。法律、行政法规另有规定的，从其规定。

对当事人的违法行为依法不予行政处罚的，行政机关应当对当事人进行教育。

案件启示

《中华人民共和国行政处罚法》自2021年7月15日修订实施后，“首违不罚”“轻微不处罚”的情形有了明确的法律依据。生态环境保护领域轻微违法免予处罚是深入探索包容审慎监管的具体体现，有利于进一步提升生态环境领域执法精细化水平，不断提升执法效能，促进生态环境保护严格、规范、公正、文明执法。有利于在维护生态环境保护法律、法规刚性权威的同时，赋予法律实施以“温度”，引导企业自觉守法，切实助推企业高质量发展。

湖北省按照《中华人民共和国行政处罚法》的相关要求，出台了《湖北省生态环境轻微违法不予处罚事项清单（2021年版）》，细化了生态环境领域行政处罚自由裁量权，将生态环境领域相关法律、法规及规章依法不予处罚的轻微违法行为具体化，为执法人员提供了明确的执法工作指引。潜江市生态环境局立足于法治，运用法治思维和法治方式促进企业及时纠错，体现了处罚与教育相结合的原则，同时着眼于服务经济社会高质量发展，推行包容审慎的监管理念，坚持严格执法与优化服务相结合，让生态环境执法既保持力度，又体现“温度”，实现双赢、共赢、多赢的局面，统筹解决调结构、促发展、稳就业、利环境的新局面。

《中华人民共和国行政处罚法》第三十三条规定：违法行为轻微并及时改正，没有造成危害后果的，不予行政处罚。初次违法且危害后果轻微并及时改正的，可以不予行政处罚。

当事人有证据足以证明没有主观过错的，不予行政处罚。法律、行政法规另有规定的，从其规定。

对当事人的违法行为依法不予行政处罚的，行政机关应当对当事人进行教育。

案例10 第三方监测过程事实认定不清、行政处罚程序违法案

基本案情

河南省周口市某新型建材有限公司成立于2003年12月11日，注册地位于河南省周口市西环路西侧、创业路南侧，主要经营粉煤灰加气混凝土砌块、屋面板、承重砖、非承重砖、隔墙板。

2016年10月9日，河南省环境监察总队以“该公司涉嫌污染物超标排放”为案由，以“领导批示”为案件来源，建议对该公司进行调查。2016年10月10日，河南省环境监察总队的两名执法人员来到该公司进行检查，现场出示执法证，说明来意，并委托郑州市某环境监测有限公司的张某、高某某对该公司大气污染物排放情况进行人工检测，并制作了现场检查（勘验）笔录。执法人员检查时发现，该企业厂区一台6蒸吨/小时的蒸汽锅炉正在运行，9条生产线正在生产，工作区内有工人作业，厂区内堆存部分成品砖。蒸汽锅炉配套建有多管陶瓷除尘器，无脱硫设施，废气通过 36 米高烟囱直接排放。企业出具了年产 18 万立方米蒸压加气混凝土砌块生产项目环境影响评价审批和竣工环境保护验收手续资料，因企业不属于重点监控企业，所以未出具排污许可证，该企业无监测平台，也无在线监控设备。郑州市某环境监测有限公司在烟囱排放口对烟气中的烟尘和二氧化硫进行检测，出具的检测报告显示，锅炉废气中二氧化硫平均排放浓度的实测值为 3.66 毫克 / 米^3，氧气含量均值为 18.4%，企业的污染物排放值超过了《锅炉大气污染物排放标准》（GB 13271—2014）规定的排放标准。

2016 年 11 月 7 日，河南省环境监察总队承办该案的执法人员在河南省环境保护厅环境违法行为案件立案审批表上对该案件的违法事实及立案依据进行了描述，建议立案处罚。同日，河南省环境监察总队的领导在该立案审批表承办意见一栏中签署“同意移交”的意见。周口市环境保护局没有另行制作立案审批表，而是在河南省环境监察总队签署移交的当天就在河南省环境保护厅环境违法行为立案审批表法制机构审查意见一栏中签署“违法事实清楚，证据确凿，同意立案，报局长审批”的字样，周口市环境保护局局长也于当天在河南省环境保护厅环境违法行为立案审批表审批意见一栏中签署“同意”意见。2016 年 11 月 24 日，河南省环境保护厅作出《关于移送周口某新型建材有限公司环境违法案件的通知》，决定将该案移送周口市环境保护局进行处理。2016 年 11 月 29 日，周口市环境保护局根据河南省环境监察总队执法人员现场检查笔录、调查询问笔录和现场照片等证据对该公司作出《责令停产决定书》（周环产字〔2016〕2 号），责令该公司自2016年11月29日起停产，《责令停产决定书》作出后当日送达该公司。周口市环境保护局根据河南省环境监察总队执法人员的调查询问笔录、现场笔录、现场笔录以及检测报告等证据，认定该公司的行为违反了《中华人民共和国大气污染防治法》第十八条规定，参照《河南省环境行政处罚裁量标准适用规则（修订）》，该公司的行为属于严重违法行为，依据《中华人民共和国大气污染防治法》第九十九条第二项、参照《河南省环境行政处罚裁量标准适用规则（修订）》，周口市环境保护局对该公司作出如下处罚：立即停止违法行为，处60万元罚款。

2017年1月10日，某新型建材有限公司委托河南省某检测技术有限公司对该公司烟囱中的废气排放物二氧化硫和氮氧化物进行检测，检测结果显示，该公司的锅炉大气污染物排放标准符合法定标准，河南省某检测技术有限公司出具了《检测报告》（正信检字161229—02）。2017年1月26日，周口市环境保护局川汇区分局为某新型建材有限公司颁发了《排污许可证》（豫环许可川2017**号）。

某新型建材有限公司对周口市环境保护局作出的行政处罚决定不服，向周口市人民政府申请行政复议；2017年1月16日，周口市人民政府受理该公司的申请。2017年2月20日，周口市人民政府组织该公司及周口市环境保护局进行听证。2017年2月27日，周口市人民政府根据双方提供的证据作出《行政复议决定书》[周政（行复决）〔2017〕40号]，决定维持周口市环境保护局作出的周环罚决字〔2016〕39号行政处罚决定。

某新型建材有限公司收到《行政复议决定书》后向周口市中

级人民法院提起行政诉讼，案件在审理过程中，某新型建材有限公司对该郑州市某环境监测有限公司的检测报告提起民事诉讼，诉请确认郑州市某环境监测有限公司的检测报告及郑州市某环境监测有限公司的检测行为无效，本案为此中止审理。2018 年 8 月 16 日，周口市中级人民法院作出《民事裁定书》[（2018）豫 16 民终 3859 号]，认为郑州市某环境监测有限公司的检测行为是受河南省环境监察总队委托而进行的技术服务行为，属于行政执法技术服务的范畴，不属于民事诉讼受案范围，裁定驳回该公司的起诉。一审法院继续审理，认为案件事实认定不清，判决：一、撤销周口市环境保护局 2016 年 12 月 14 日对某新型建材有限公司作出的《行政处罚决定书》（周环罚决字〔2016〕39 号）。二、撤销周口市人民政府 2017 年 2 月 27 日对该公司作出的周政（行复决）〔2017〕40 号行政复议决定。案件受理费五十元，由被告承担。周口市环境保护局不服一审判决，向河南省周口市中级人民法院提起上诉。2019 年 3 月 28 日，二审法院经审理查明的事实与一审判决认定的事实一致，予以确认，判决驳回上诉。

案件涉及的法律问题

1. 现场取样监测行为的合法性

关于河南省环境监察总队委托郑州市某环境监测有限公司张

某、高某某对某新型建材有限公司大气污染物排放情况进行人工检测是否合法的问题，我们主要从委托形式、采样地点与过程、样品封存规范性等方面讨论。

首先，关于生态环境行政机关委托第三方监测机构进行监测的合法性讨论。环境保护部《关于社会环境监测机构出具监测报告能否作为行政执法管理依据的复函》（环办监测函〔2017〕1850号）中规定："社会环境监测机构受环境保护主管部门的委托开展环境监测活动，符合《中华人民共和国计量法》和《中华人民共和国计量法实施细则》，以及有关环境保护法律法规规章或相关技术规范要求出具的环境监测数据，可以作为环境保护行政管理的依据；同时满足《中华人民共和国行政处罚法》《中华人民共和国行政诉讼法》等法律以及相关司法解释规定的证据要件的，可以作为行政处罚的证据。"同时，第三方监测机构出具的检测报告真实合法，也可以作为污染环境罪的刑事证据适用。最高人民检察院会同最高人民法院、公安部、司法部、生态环境部联合印发了《关于办理环境污染刑事案件有关问题座谈会纪要》，会议认为，地方生态环境部门及其所属监测机构委托第三方监测机构出具的检测报告，地方生态环境部门及其所属监测机构在行政执法过程中予以采用的，其实质属于《最高人民法院、最高人民检察院关于办理环境污染刑事案件适用法律若干问题的解释》第十二条规定的"环境保护主管部门及其所属监测机构在行政执法过程中收集的监测数据"，在刑事诉讼中可以作为证据使用。此外，郑州市某环境监测有限公司实施的检测行为是受河南省环境监察总队委托而进行的技术服务行为，属于行政执法技术服务的范畴，就行政执法而言，双方的纠纷并非平等主体之间的纠纷，因此，不能通过民事诉讼裁定具体行政行为的无效。

其次，关于现场采样过程的合法性讨论。《环境行政处罚办法》第三十四条规定："需要取样的，应当制作取样记录或者将取样过程记入现场检查（勘察）笔录，可以采取拍照、录像或者其他方式记录取样情况。"《工业污染源现场检查技术规范》（HJ 606—2011）第 5.2.3"采集记录与标志"规定："现场采样取证应填写采样记录。采样记录应一式两份，第一份随样品送检，第二份留存环境监察机构备查。排污者代表对样品和采样记录核对无误后在采样记录上签字盖章确认。采样后，除进行现场快速检测或必要的前处理外，现场采样人员应立即填制样品标签及样品封条。样品标签应贴在样品盛装容器上，样品封条应贴在样品盛装容器封口，封条的样式应便于检测单位确认接收前样品容器是否曾被开封。采样人员和排污者代表应当在封条上签名并注明封存日期。"可见，在环境行政处罚案件调查过程中，取样过程的合法性直接关系到检测结果的真实性和处罚决定的合法性。周口市环境保护局不能举证单独制作了采样记录单，现场采样笔录只记载了采样检测的结果不能说明采样过程的合法性，应当承担举证不能的不利法律后果。此外，《工业污染源现场检查技术规范》属于推荐性标准，不具有强制性，但是关于采样地点、采样过程、样品封存等具体过程有具体指导价值，一线执法应以此来规范自身采样的合法性。

2. 立案与调查取证程序的合法性

通常情况下，生态环境主管部门现场检查发现企业存在涉嫌违反环境保护法律、法规和规章的行为，应在 7 个工作日内决定是否立案。但是，涉及超标排污、暗管偷排、非法倾倒危险废物等需要紧急立案的案件，可以根据《环境行政处罚办法》第二十四条规定：“【紧急案件先行调查取证】对需要立即查处的环境违法行为，可以先行调查取证，并在 7 个工作日内决定是否立案和补办立案手续。”可以先行调查取证，避免因一般程序的时间先后问题，影响环境违法证据及时固定。根据案情介绍，2016 年 10 月 10 日 13 时至 14 时，郑州市某环境监测有限公司对某新型建材有限公司锅炉废气进行检测，检测结果是废气中二氧化硫折算后浓度平均值为 3.66 毫克 / 米^3，污染物浓度超标。2016 年 10 月 11 日 9 时 8 分至 9 时 52 分，河南省环境监察总队的两位执法人员对某新型建材有限公司刘某某进行了调查询问。2016 年 11 月 7 日，河南省环境监察总队的领导在该立案审批表承办意见一栏中签署“同意移交”的意见。周口市环境保护局没有另行制作立案审批表，而是在河南省环境监察总队签署移交的当天就在河南省环境保护厅环境违法行为立案审批表法制机构审查意见一栏中签署“违法事实清楚，证据确凿，同意立案，报局长审批”的字样，周口市环境保护局局长也于当天在河南省环境保护厅环境违法行为立案审批表审批意见一栏中签署“同意”意见。本案从省厅立案、市局处罚情况来看，符合查处分离原则。但是，该案件从 2016 年 10 月 11 日调查取证结束到 11 月 7 日立案，时限远超7个工作日，不符合先行调查取证的程序要求，另外，根据《环境行政处罚办法》第二十条第三款规定："上级环境保护主管部门可以将其管辖的案件交由有管辖权的下级环境保护主管部门实施行政处罚。"周口市环境保护局根据移送的案卷进行的行政处罚决定也不违背调查取证、立案后的程序性规定。

3. 行政处罚金额自由裁量的合理性

《环境行政处罚办法》第六条规定："行使行政处罚自由裁量权必须符合立法目的，并综合考虑以下情节……（六）当事人改正违法行为的态度和所采取的改正措施和效果……"《河南省环境行政处罚裁量标准适用规则》第八条第二款规定："有下列情形之一的，可以依法适用从轻或者减轻的处罚标准……主动改正或者及时中止环境违法行为……积极配合环保部门查处环境违法行为的。"基于上述规定，生态环境主管部门作出环境行政处罚决定应当将当事人整改情况、是否积极配合检查等情节在行政处罚中予以综合考量，体现处罚与教育相结合的基本原则。本案中，周口市环境保护局在作出处罚决定前已经对被上诉人作出责令停产决定并提出了整改意见，河南省环境保护厅现场检查笔录中也明确载明上诉人单位负责人在检查中能够积极配合执法人员检查，即使是在上诉人环境违法事实成立的情况下，其在作出处罚决定时应当将整改情况、是否配合检查情况作为一个情节予以考量，周口市环境保护局在未对上述情节予以考量的情况下作出的处罚决定，罚款金额的自由裁量明显不当。

法条链接

《中华人民共和国大气污染防治法》（2016 年修订）

第十八条 企业事业单位和其他生产经营者建设对大气环境有影响的项目，应当依法进行环境影响评价、公开环境影响评价文件；向大气排放污染物的，应当符合大气污染物排放标准，遵守重点大气污染物排放总量控制要求。

第九十九条 违反本法规定，有下列行为之一的，由县级以上人民政府环境保护主管部门责令改正或者限制生产、停产整治，并处十万元以上一百万元以下的罚款；情节严重的，报经有批准权的人民政府批准，责令停业、关闭：

（一）未依法取得排污许可证排放大气污染物的；

（二）超过大气污染物排放标准或者超过重点大气污染物排放总量控制指标排放大气污染物的；

（三）通过逃避监管的方式排放大气污染物的。

案件启示

1. 关于生态环境监测过程规范性的要求

2020 年，生态环境部印发《关于优化生态环境保护执法方式提高执法效能的指导意见》，明确指出要完善执法机制，着力提升行政执法效能，执法监测工作机制保障监测数据要对现场执法提供有力支撑。目前，生态环境诉讼案件涉及的监测问题很多，普遍反映手工监测数据是否真实有效，涉及采样人员、采样地点、采样过程、采样记录、当事人确认、样品封存等环节是否规范合法。随着生态环境执法与监测机构的分离，各部门的权责事项更为明确分立，但是在案件的具体办理过程中，监测人员单独监测，执法人员单独执法，执法人员对监测过程缺少把关，所以出现了很多监测不规范、执法部门又不能举证导致监测数据不真实使处罚决定被撤销的案例。因此，执法与监测不仅要做到工作的同步，也要做到监测人员对监测数据要认真把关，严格审核，夯实各自责任。

2. 关于生态环境主管部门上下级间移送案件的合法性要求

生态环境主管部门除了对管辖地的属地管辖案件进行受理，

还会接收跨辖区的交叉执法、上级生态环境主管部门监察、中央环保督察等移送的各类生态环境执法案件。根据《环境监察办法》（2012年）第二十六条第一款规定：“对依法受理的案件，属于本机关管辖的，环境保护主管部门应当按照规定的时限和程序依法处理；属于环境保护主管部门管辖但不属于本机关管辖的，受理案件的环境保护主管部门应当移送有管辖权的环境保护主管部门处理；不属于环境保护主管部门管辖的，受理案件的环境保护主管部门应当移送有管辖权的机关处理。”《环境行政处罚办法》第二十五条规定：“经立案审查，属于环境保护主管部门管辖，但不属于本机关管辖范围的，应当移送有管辖权的环境保护主管部门；属于其他有关部门管辖范围的，应当移送其他有关部门。”生态环境主管部门在涉及案件移送的情况可以采取的处理情形有两种：情形一，上级机关可以作出立案受理并进行移送下级生态环境主管部门的案件，上级行政机关应按照立案、调查取证的程序要求规范执法，下级生态环境主管部门应按照责令改正、事先告知、处罚决定等程序要求规范执法；情形二，上级机关未作行政处罚立案审批决定，只是进行建议立案的移送决定，下级机关应从立案、调查取证开始作出完整的行政处罚程序，保障当事人救济性权利。

《中华人民共和国大气污染防治法》第十八条规定：企业事业单位和其他生产经营者建设对大气环境有影响的项目，应当依法进行环境影响评价、公开环境影响评价文件；向大气排放污染物的，应当符合大气污染物排放标准，遵守重点大气污染物排放总量控制要求。第九十九条：违反本法规定，有下列行为之一的，由县级以上人民政府环境保护主管部门责令改正或者限制生产、停产整治，并处十万元以上一百万元以下的罚款；情节严重的，报经有批准权的人民政府批准，责令停业、关闭。

Part 2

第二部分 刑事篇

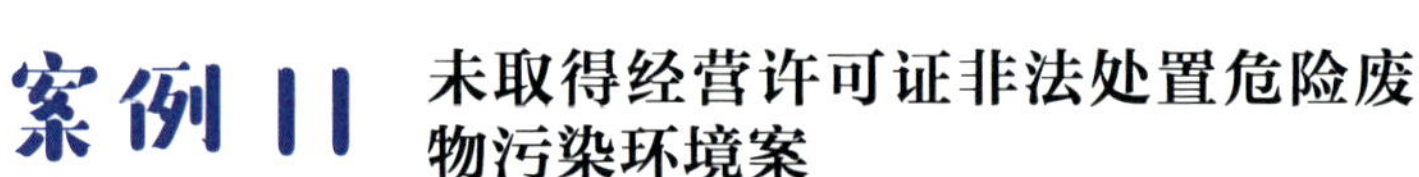

案例11 未取得经营许可证非法处置危险废物污染环境案

基本案情

2018年7月，被告人张某、聂某等9人共同出资，在未取得危险废物经营许可证的情况下，在芦山县原沙树坪废旧煤矿内，修建并安装利用废旧电瓶炼制铅锭的厂房、设备。后张某、聂某等从成都某废旧回收有限公司购买废旧铅蓄电池，在未采取污染防治措施的情况下，雇佣多名工人将废旧电池拆解，炼制铅锭。其间，张某、聂某等总共非法处置废旧铅蓄电池不低于200吨。案发后，经测试：旧电瓶外壳净重9 360千克，炉渣净重32 450千克，旧电瓶内芯（铅板）净重11 967千克，碎电瓶外壳净重16 219千克，除尘器收集粉尘净重23 448千克，覆膜砂（铁屑）净重20 412千克，铅锭净重16 952千克。经检测：1#铅块含量为99.51%，2#铅块含量为99.62%。经专家组人员认定，确认现场处置的废旧铅蓄电池属于危险废物，废物代码为

HW49900-044-49。经监测：分解车间沉淀池（1）号土壤中铜、铅浓度不达标。露天沉淀池、电瓶内液体收集池（2）号、电瓶内液体收集池（3）号铜、锌、铅、镉浓度和 pH 等均不达标。经检测：1# 铅块含量为 99.51%，2# 铅块含量为 99.62%。

公诉机关认为，被告人张某、聂某等 9 人违反国家规定，未取得危险废物经营许可擅自从事危险废物业务，后果特别严重，均应以污染环境罪追究各被告人的刑事责任。被告人聂某到案后规劝被告人常某、李某到案接受公安机关调查，具有立功情节，可以从轻或减轻处罚。提请法院依法判处。

一审法院认为，被告人张某、聂某等 9 人违反国家规定非法处置危险废物不低于 200 吨，后果特别严重，其行为均已构成污染环境罪，应依法追究 9 名被告人的刑事责任，公诉机关指控张某、聂某等 9 人犯污染环境罪的事实清楚，证据确凿、充分，指控的罪名成立，法院予以支持。在共同犯罪中，被告人张某、聂某起主要作用，系主犯；其他 7 人系从犯，法院对其他 7 人依法从轻处罚。被告人张某、聂某到案后如实供述了犯罪事实，属坦白，可从轻处罚。被告人聂某到案后规劝被告人常某、李某主动到案接受公安机关调查，属立功，可对其从轻处罚。其他 7 人主动到案，到案后如实供述全部犯罪事实，系自首，法院对其他 7 人予以减轻处罚。被告人张某、聂某等人能当庭认罪悔罪，法院酌情予以从轻处罚。被告人常某自愿认罪认罚并预缴罚金，结合其犯罪情节、行为性质，适用缓刑不致再危害社会，法院依法对被告人常某适用缓刑。

判处被告人张某犯污染环境罪，判处有期徒刑四年，并处罚金人民币 200 000 元；被告人聂某犯污染环境罪，判处有期徒刑三年，并处罚金人民币 150 000 元；被告人黄某犯污染环境罪，判处有期徒刑二年，并处罚金人民币 80 000 元；被告人李某犯污染环境罪，判处有期徒刑一年十个月，并处罚金人民币 50 000 元；被告人高某犯污染环境罪，判处有期徒刑一年六个月，并处罚金人民币 50 000 元；被告人黄某犯污染环境罪，判处有期徒刑一年六个月，并处罚金人民币 50 000 元；被告人汤某犯污染环境罪，判处有期徒刑一年三个月，并处罚金人民币 30 000 元；被告人李某犯污染环境罪，判处有期徒刑一年二个月，并处罚金人民币 30 000 元；被告人常某犯污染环境罪，判处有期徒刑一年二个月，缓刑二年，并处罚金人民币 30 000 元（已缴纳）；扣押在案的手机、包袋、U 盘等物品由扣押机关依法处理；查封的碎电瓶外壳、炉渣、除尘器收集粉尘、旧电瓶外壳、旧电瓶内芯（铅板）、铅冶炼炉（反射炉）、电瓶外壳破碎机、彩钢棚等由查封机关交由生态环境主管部门进行处置；查获的覆膜砂（铁屑）、铅锭予以没收，上缴国库。

案件涉及的法律问题

1. 非法处置废旧铅蓄电池的数量认定问题

首先，从购买和销售废旧铅蓄电池方面的证据来看，张某手机内储存的账目清单“原材料进货清单”显示，仅2018年8月1日至15日就共计进货171.808 5吨，对该清单上载明的购买废旧电瓶数量，张某在供述中也予以认可，张某另供述9月还购买了100多吨废旧电瓶，成都某废旧金属回收有限公司11张单据载明，销售给张某的废旧电瓶数量为291.3吨；其次，从运输废旧电瓶方面的证据来看，张某雇请的4名司机黄某2、岳某、曹某、黄某1分别证实运输了46.3吨、31吨、69吨、138吨废旧电瓶到张某位于芦山的非法冶炼厂；最后，从制成铅锭的数量及其所需原料方面的证据分析，黄某2、黄某1证实从该厂分别运出80吨、54吨铅锭到什邡销售，张某手机储存的“产品出货清单”证实8月生产销售的铅锭为64.92吨，张某另供述9月还生产了五六十吨铅锭，现场查获的铅锭净重16.952吨，《最高人民法院、最高人民检察院关于办理环境污染刑事案件适用法律若干问题的解释》第十三条规定，对于危险废物的数量，可以综合被告人供述，涉案企业的生产工艺、物耗、能耗情况，以及经批准或者备案的环境影响评价文件等证据作出认定。根据本案所采用的设备及生产工艺和聂某庭审供述的平均出铅率50%（公开资料显示，使用“反射炉”从废旧铅蓄电池中土法提炼再生铅的粗铅产出率为30%～40%，法院从有利于被告人的角度，结合聂某的供述认定本案平均出铅率为50%），本案制成的铅锭需消耗废旧铅蓄电池数量应在200吨以上。

以上3个方面的证据均能分别独立证实张某等人非法处置的废旧铅蓄电池数量在200吨以上。在本案中，公诉机关从有利于被告人的角度出发，就低指控涉案非法处置的废旧铅蓄电池数量为不低于 200 吨，符合案件事实及法律、司法解释规定，辩护人对起诉书指控非法处置废旧铅蓄电池数量提出的异议不能成立，法院认定本案中张某等人非法处置的危险废物废旧铅蓄电池数量为不低于 200 吨。

2. 被告人的行为是否属于非法处置危险废物问题的事实认定

《中华人民共和国固体废物污染环境防治法》（2016 年）第八十八条第六项规定："处置，是指将固体废物焚烧和用其他改变固体废物的物理、化学、生物特性的方法，达到减少已产生的固体废物数量、缩小固体废物体积、减少或者消除其危险成分的活动，或者将固体废物最终置于符合环境保护规定要求的填埋场的活动。"《危险废物经营许可证管理办法》（2004 年）第三十一条对"处置"进行了规定，处置是指将危险废物进行焚烧、煅烧、熔融、烧结、裂解、蒸馏、萃取、沉淀、过滤、拆解以及其他改变危险废物物理、化学、生物特性的方法。因此，张某等人将收购的废旧铅蓄电池进行破拆、粉碎并随意弃置电池外壳、倾倒废液、提炼铅锭等行为均属于本罪规定的"处置"。

3. "后果特别严重"的事实认定

首先，《再生铅行业规范条件》中对再生铅提炼中产生的废水、废气中铅烟、铅尘、破碎分选的废旧铅蓄电池塑料外壳、酸雾规定了应当采取的环保技术要求，规定"禁止对废铅蓄电池进行人工拆解、露天环境下破碎作业，严禁直接排放废铅蓄电池中的废酸液”“不得利用直接燃煤或喷煤式反射炉熔炼含铅物料”“铅烟、铅尘和硫酸雾应收集处理，防止铅烟、铅尘和酸雾逸出”。在本案中，通过环境监测报告、现场勘验、现场照片、生态环境主管部门的意见以及证人证言等大量证据，能够证实本案非法处置废旧铅蓄电池过程中产生的特征污染物包括含酸及重金属废液、酸雾、烟尘及二氧化硫等，上述特征污染物均在无有效防治措施的情况下直排外环境，在案证据也充分展示了污染物的迁移和暴露路径及其危害后果，因此，本案中通过直接破拆废旧铅蓄电池后采用“反射炉”提炼粗铅的方式已经对当地生态环境造成了损害。

其次，本案中查明的张某等非法处置的危险废物废旧铅蓄电池数量为不低于200吨，《最高人民法院、最高人民检察院关于办理环境污染刑事案件适用法律若干问题的解释》（2016年）第三条规定，“实施刑法第三百三十八条、第三百三十九条规定的行为，具有下列情形之一的，应当认定为‘后果特别严重’……（二）非法排放、倾倒、处置危险废物一百吨以上的……”故张某等非法处置废旧铅蓄电池不低于200吨符合法律及司法解释关于“后果特别严重”的规定。

4. 自首情节的事实认定

经查，2018年9月25日，芦山县公安局民警在排查过程中使用武器鸣枪示警后将张某抓获，后移交芦山县生态环境局进行调查，芦山县生态环境局经调查后认为张某已构成犯罪，于9月26日将张某移送芦山县公安局。以上到案情况能够证实，张某的归案不具有主动性，不符合《中华人民共和国刑法》（2017年）及司法解释规定的“自动投案”的要求，其不构成自首。

法条链接

《最高人民法院、最高人民检察院关于办理环境污染刑事案件适用法律若干问题的解释》（2016年）

第三条 实施刑法第三百三十八条、第三百三十九条规定的行为，具有下列情形之一的，应当认定为“后果特别严重”：

（一）致使县级以上城区集中式饮用水水源取水中断十二小时以上的；

（二）非法排放、倾倒、处置危险废物一百吨以上的；

（三）致使基本农田、防护林地、特种用途林地十五亩以上，其他农用地三十亩以上，其他土地六十亩以上基本功能丧失或者遭受永久性破坏的；

（四）致使森林或者其他林木死亡一百五十立方米以上，或者幼树死亡七千五百株以上的；

（五）致使公私财产损失一百万元以上的；

（六）造成生态环境特别严重损害的；

（七）致使疏散、转移群众一万五千人以上的；

（八）致使一百人以上中毒的；

（九）致使十人以上轻伤、轻度残疾或者器官组织损伤导致一般功能障碍的；

（十）致使三人以上重伤、中度残疾或者器官组织损伤导致严重功能障碍的；

（十一）致使一人以上重伤、中度残疾或者器官组织损伤导致严重功能障碍，并致使五人以上轻伤、轻度残疾或者器官组织损伤导致一般功能障碍的；

（十二）致使一人以上死亡或者重度残疾的；

（十三）其他后果特别严重的情形。

第十二条 环境保护主管部门及其所属监测机构在行政执法过程中收集的监测数据，在刑事诉讼中可以作为证据使用。

公安机关单独或者会同环境保护主管部门，提取污染物样品进行检测获取的数据，在刑事诉讼中可以作为证据使用。

第十三条 对国家危险废物名录所列的废物，可以依据涉案物质的来源、产生过程、被告人供述、证人证言以及经批准或者备案的环境影响评价文件等证据，结合环境保护主管部门、公安机关等出具的书面意见作出认定。

对于危险废物的数量，可以综合被告人供述，涉案企业的生产工艺、物耗、能耗情况，以及经批准或者备案的环境影响评价文件等证据作出认定。

《中华人民共和国固体废物污染环境防治法》（2016 年）

第八十八条 本法下列用语的含义：

（一）固体废物，是指在生产、生活和其他活动中产生的丧失原有利用价值或者虽未丧失利用价值但被抛弃或者放弃的固态、半固态和置于容器中的气态的物品、物质以及法律、行政法规规定纳入固体废物管理的物品、物质。

（二）工业固体废物，是指在工业生产活动中产生的固体废物。

（三）生活垃圾，是指在日常生活中或者为日常生活提供服务的活动中产生的固体废物以及法律、行政法规规定视为生活垃圾的固体废物。

（四）危险废物，是指列入国家危险废物名录或者根据国家规定的危险废物鉴别标准和鉴别方法认定的具有危险特性的固体废物。

（五）贮存，是指将固体废物临时置于特定设施或者场所中的活动。

（六）处置，是指将固体废物焚烧和用其他改变固体废物的物理、化学、生物特性的方法，达到减少已产生的固体废物数量、缩小固体废物体积、减少或者消除其危险成分的活动，或者将固体废物最终置于符合环境保护规定要求的填埋场的活动。

（七）利用，是指从固体废物中提取物质作为原材料或者燃料的活动。

《危险废物经营许可证管理办法》（2004 年）

第三十一条 本办法下列用语的含义：

（一）危险废物，是指列入国家危险废物名录或者根据国家规定的危险废物鉴别标准和鉴别方法认定的具有危险性的废物。

（二）收集，是指危险废物经营单位将分散的危险废物进行集中的活动。

（三）贮存，是指危险废物经营单位在危险废物处置前，将其放置在符合环境保护标准的场所或者设施中，以及为了将分散的危险废物进行集中，在自备的临时设施或者场所每批置放重量超过 5 000 千克或者置放时间超过 90 个工作日的活动。

（四）处置，是指危险废物经营单位将危险废物焚烧、煅烧、熔融、烧结、裂解、中和、消毒、蒸馏、萃取、沉淀、过滤、拆解以及用其他改变危险废物物理、化学、生物特性的方法，达到减少危险废物数量、缩小危险废物体积、减少或者消除其危险成分的活动，或者将危险废物最终置于符合环境保护规定要求的场所或者设施并不再回取的活动。

案件启示

1. 行政证据转化为刑事证据的问题

《最高人民法院、最高人民检察院关于办理环境污染刑事案件适用法律若干问题的解释》（2016 年）[以下简称《解释》（2016）] 第十二条规定，环境保护主管部门及其所属监测机构在行政执法过程中收集的监测数据，在刑事诉讼中可以作为证据使用。公安机关单独或者会同环境保护主管部门，提取污染物样品进行检测获取的数据，在刑事诉讼中可以作为证据使用。

《最高人民法院、最高人民检察院、公安部、司法部、生态环境部关于办理环境污染刑事案件有关问题座谈会纪要》

（2019年）［以下简称《座谈会纪要》（2019年）］对监测数据的证据资格问题进行了规定，会议针对实践中地方生态环境部门及其所属监测机构委托第三方监测机构出具报告的证据资格问题进行了讨论。会议认为，地方生态环境部门及其所属监测机构委托第三方监测机构出具的监测报告，地方生态环境部门及其所属监测机构在行政执法过程中予以采用的，其实质属于《解释》（2016）第十二条规定的“环境保护主管部门及其所属监测机构在行政执法过程中收集的监测数据”，在刑事诉讼中可以作为证据使用。

2. 自首、坦白与立功情节认定的区分

自首分为一般自首与准自首。一般自首是指犯罪嫌疑人在犯罪以后自动投案，如实供述自己罪行的行为。自首成立须具备如下条件：犯罪嫌疑人必须是自动投案。“自动”必须是指犯罪嫌疑人在尚未归案之前，基于其本人的意志而投案；投案必须是犯罪嫌疑人向有关机关或者个人承认自己实施了特定犯罪，并将自己置于有关机关或者个人的控制之下，等待接受国家司法机关的审查和裁判。

犯罪嫌疑人必须如实供述自己的罪行。犯罪嫌疑人供述的必须是犯罪的事实；犯罪嫌疑人对犯罪事实必须如实供述；犯罪嫌疑人供述的必须是自己的犯罪事实；犯罪嫌疑人供述的必须是自己的主要犯罪事实。准自首是指被采取强制措施的犯罪嫌疑人、被告人和正在服刑的罪犯，如实供述司法机关还未掌握的本人其他罪行的行为。特别自首是指犯对非国家工作人员行贿罪、行贿

罪和介绍贿赂罪的人员，在被追诉前主动交代行贿行为或者介绍贿赂行为的行为。

坦白是指犯罪嫌疑人被动归案后，如实交代已被司法机关掌握的本人罪行，或者如实交代尚未被司法机关掌握但与司法机关已掌握的罪行属同种罪行的情形。

立功是指犯罪分子自到案后至判决确定前的期间具有揭发他人犯罪行为，查证属实，或者提供重要线索，从而得以侦破其他案件等有利于国家和社会的突出表现或者重大贡献。立功分为一般立功和重大立功。一般立功是指犯罪分子到案后具有检举、揭发他人犯罪行为，经查证属实的，或者提供侦破其他案件的重要线索，经查证属实的，或者阻止他人犯罪活动的，或者协助司法机关抓捕其他犯罪嫌疑人（包括同案犯）等有利于国家和社会的突出表现。重大立功是指犯罪分子到案后具有检举、揭发他人重大犯罪行为，经查证属实的，或者提供侦破其他重大案件的重要线索，经查证属实的，或者阻止他人重大犯罪活动的，或者协助司法机关抓捕其他重大犯罪嫌疑人等对国家和社会有重大贡献的表现。

“重大”的标准，一般是指犯罪嫌疑人、被告人可能被判处无期徒刑以上刑罚或者案件在本省、自治区、直辖市或者全国范围内有较大影响等情形。

3. 生态环境损害标准的认定问题

《座谈会纪要》（2019 年）中，针对如何适用《解释》（2016）第一条、第三条规定的“严重污染环境”“后果特别严重”定罪量刑标准进行了讨论。会议指出，生态环境损害赔偿制度是生态文明制度体系的重要组成部分。党中央、国务院高度重视生态环境损害赔偿工作，党的十八届三中全会明确提出对造成生态环境损害的责任者严格实行赔偿制度。2015 年，中共中央办公厅、国务院办公厅印发《生态环境损害赔偿制度改革试点方案》（中办发〔2015〕57 号），在吉林等 7 个省（自治区、直辖市）部署开展改革试点，取得明显成效。2017 年，中共中央办公厅、国务院办公厅印发《生态环境损害赔偿制度改革方案》（中办发〔2017〕68 号），在全国范围内试行生态环境损害赔偿制度。

会议指出，《解释》（2016）将造成生态环境损害规定为污染环境罪的定罪量刑标准之一，是为了与生态环境损害赔偿制度实现衔接配套，考虑到该制度尚在试行过程中，《解释》（2016）做了较原则的规定。在司法实践中，一些省（自治区、直辖市）结合本地区工作实际制定了具体标准。会议认为，在生态环境损害赔偿制度试行阶段，全国各省（自治区、直辖市）可以结合本地实际情况，因地制宜，因时制宜，根据案件具体情况准确认定“造成生态环境严重损害”和“造成生态环境特别严重损害”。

4. 关于从重处罚情形的认定

《座谈会纪要》（2019 年）中规定，要坚决贯彻党中央推动长江经济带发展的重大决策，为长江经济带共抓大保护、不搞大开发提供有力的司法保障。在实践中，对于发生在长江经济带 11 省（自治区、直辖市）的下列环境污染犯罪行为，可以从重处罚：（1）跨省（自治区、直辖市）排放、倾倒、处置有放射性的废物、含传染病病原体的废物、有毒物质或者其他有害物质的；

（2）向国家确定的重要江河、湖泊或者其他跨省（自治区、直辖市）江河、湖泊排放、倾倒、处置有放射性的废物、含传染病病原体的废物、有毒物质或者其他有害物质的。

5. 环境污染犯罪的管辖问题

《座谈会纪要》（2019 年）中规定，会议针对环境污染犯罪案件的管辖问题进行了讨论。会议认为，实践中一些环境污染犯罪案件属于典型的跨区域刑事案件，容易存在管辖不明或者有争议的情况，各级人民法院、人民检察院、公安机关要加强沟通协调，共同研究解决。

会议提出，跨区域环境污染犯罪案件由犯罪地的公安机关管辖。如果由犯罪嫌疑人居住地的公安机关管辖更为适宜的，可以由犯罪嫌疑人居住地的公安机关管辖。犯罪地包括环境污染行为发生地和结果发生地。“环境污染行为发生地”包括环境污染行为的实施地以及预备地、开始地、途经地、结束地以及排放、倾倒污染物的车船停靠地、始发地、途经地、到达地等地点；环境污染行为有连续、持续或者继续状态的，相关地方都属于环境污染行为发生地。“环境污染结果发生地”包括污染物排放地、倾倒地、堆放地、污染发生地等。

多个公安机关都有权立案侦查的，由最初受理的或者主要犯罪地的公安机关立案侦查，管辖有争议的，按照有利于查清犯罪事实、有利于诉讼的原则，由共同的上级公安机关协调确定的公安机关立案侦查，需要提请批准逮捕、移送审查起诉、提起公诉的，由该公安机关所在地的人民检察院、人民法院受理。

《最高人民法院、最高人民检察院关于办理环境污染刑事案件适用法律若干问题的解释》（2016 年）第三条规定：实施刑法第三百三十八条、第三百三十九条规定的行为，具有下列情形之一的，应当认定为“后果特别严重”。

案例 12 德清县某保温材料有限公司、祁某明违法使用 ODS 污染环境案

基本案情

湖州市德清县某保温材料有限公司成立于 2017 年 3 月 8 日，主要从事聚氨酯硬泡组合聚醚保温材料的生产，以及聚氨酯保温材料、化工原料（除危险化学品及易制毒化学品）、塑料材料、建筑材料批发零售，法定代表人为祁某明。

2019 年 6—8 月，生态环境部在全国范围内开展了 ODS 专项执法行动，并派出 11 个工作组对 ODS 重点省市开展专项检查。其中，浙江工作组在对该公司的突击检查中，发现企业台账的原料入库单上有异常，并在部分手写的生产配方便条上多次出现 CFC-11 即三氯一氟甲烷记录，而该公司 2017 年通过的环境影响评价审批文件上明确其主要利用聚醚多元醇、一氟二氯乙烷（HCFC-141b）发泡剂等原料生产并销售组合聚醚。生态环境部执法局立即将该公司涉嫌违法采购三氯一氟甲烷生产组合聚醚的

线索转交地方，并多次指导、协调地方办理该案件。当地政府立即成立专案组并启动联合办案机制，公检法环等部门紧密配合全力侦办。最终查明，2017 年 8 月至 2019 年 6 月，祁某明在明知三氯一氟甲烷系受控消耗臭氧层物质，且被明令禁止用于生产使用的情况下，仍向他人购买，并用于该公司生产聚氨酯硬泡组合聚醚保温材料。其间，该公司共计购买三氯一氟甲烷 849.50 吨。经核算，该公司在使用三氯一氟甲烷生产过程中，造成三氯一氟甲烷废气排放量为 3 049.70 千克。专案组先后赶赴江苏、河南、山东等地将上游三氯一氟甲烷供应商韩某等 4 人全部抓捕归案。

浙江省德清县人民法院一审认为，某保温材料有限公司违反国家规定，使用三氯一氟甲烷用于生产保温材料并出售，严重污染环境，其行为已构成污染环境罪。祁某明作为该公司法定代表人，明知三氯一氟甲烷禁止用于生产，仍主动购入用于公司生产保温材料并销售，使环境严重污染，也应当以污染环境罪追究刑事责任。一审法院以污染环境罪，判处被告单位某保温材料有限公司罚金 70 万元，追缴违法所得 140 余万元，判处被告人祁某明有期徒刑 10 个月，并处罚金 5 万元。

案件涉及的法律问题

1. 消耗臭氧层物质环境管理

保护臭氧层、应对气候变化，是全球面临的共同挑战。《保护臭氧层维也纳公约》（以下简称《公约》）于1985年在维也纳签署，《公约》明确指出大气臭氧层耗损对人类健康和环境可能造成的危害，呼吁各国政府采取合作行动保护臭氧层，并首次提出氟氯烃类物质为被监控的化学品。我国政府于1989年9月11日正式加入《公约》，成为《公约》缔约方，并于1989年12月10日生效。《关于消耗臭氧层物质的蒙特利尔议定书》（以下简称《蒙特利尔议定书》）是1989年9月为进一步落实《公约》，由联合国环境规划署（UNEP）主持，在加拿大蒙特利尔召开了控制含氯氟烃的各国全权代表会议上通过的有关控制消耗臭氧层物质的国际公约。我国于1991年加入《蒙特利尔议定书》，成为缔约方。

为了履行《公约》和《蒙特利尔议定书》规定的义务，2010年3月24日，国务院第104次常务会议通过《消耗臭氧层物质管理条例》，自2010年6月1日起施行。根据《消耗臭氧层物质管理条例》（国务院令第573号），消耗臭氧层物质，是指对臭氧层有破坏作用并列入《中国受控消耗臭氧层物质清单》的化学品。《中国受控消耗臭氧层物质清单》由环境保护部、国家发展改革委、工业和信息化部共同制定、调整和公布。2010 年 9 月 27 日，环境保护部、国家发展改革委、工业和信息化部联合发布《中国受控消耗臭氧层物质清单》（公告 2010 年第 72 号）。三氯一氟甲烷（代码 CFC-11）作为第一类全氯氟烃（又称氯氟化碳）位于《中国受控消耗臭氧层物质清单》之首，按《蒙特利尔议定书》规定，自 2010 年 1 月 1 日起，除特殊用途外，全面禁止生产和使用。

2018 年 12 月，最高人民法院、最高人民检察院、公安部、司法部、生态环境部（以下简称“两高三部”）在北京联合召开座谈会，针对如何准确认定《中华人民共和国刑法》第三百三十八条规定的“其他有害物质”的问题进行了讨论。会议认为，实践中常见的有害物质主要有工业危险废物以外的其他工业固体废物，未经处理的生活垃圾，有害大气污染物、受控消耗臭氧层物质和有害水污染物，在利用和处置过程中必然产生有毒有害物质的其他物质，国务院生态环境主管部门会同国务院卫生主管部门公布的有毒有害污染物名录中的有关物质等。

2. 单位犯罪的认定

《中华人民共和国刑法》第三十条规定：公司、企业、事业单位、机关、团体实施的危害社会的行为，法律规定为单位犯罪的，应当负刑事责任。第三十一条规定：单位犯罪的，对单位判处罚金，并对其直接负责的主管人员和其他直接责任人员判处刑罚。

2018年12月“两高三部”联合召开的座谈会上，针对一些地方存在追究自然人犯罪多，追究单位犯罪少，单位犯罪认定难的情况和问题相关单位进行了讨论。会议认为，办理环境污染犯罪案件，认定单位犯罪时，应当依法合理把握追究刑事责任的范围，贯彻宽严相济刑事政策，重点打击出资者、经营者和主要获利者，既要防止不当缩小追究刑事责任的人员范围，又要防止打击面过大。2019年2月20日，《最高人民法院、最高人民检察院、公安部、司法部、生态环境部关于办理环境污染刑事案件有关问题座谈会纪要》中规定，为了单位利益，实施环境污染行为，并具有下列情形之一的，应当认定为单位犯罪：（1）经单位决策机构按照决策程序决定的；（2）经单位实际控制人、主要负责人或者授权的分管负责人决定、同意的；（3）单位实际控制人、主要负责人或者授权的分管负责人得知单位成员个人实施环境污染犯罪行为，并未加以制止或者及时采取措施，而是予以追认、纵容或者默许的；（4）使用单位营业执照、合同书、公章、印鉴等对外开展活动，并调用单位车辆、船舶、生产设备、原辅材料等实施环境污染犯罪行为的。单位犯罪中的“直接负责的主管人员”，一般是指对单位犯罪起决定、批准、组织、策划、指挥、授意、纵容等作用的主管人员，包括单位实际控制人、主要负责人或者授权的分管负责人、高级管理人员等；“其他直接责任人员”，一般是指在直接负责的主管人员的指挥、授意下积极参与实施单位犯罪或者对具体实施单位犯罪起较大作用的人员。同时要求，对于应当认定为单位犯罪的环境污染犯罪案件，公安机关未作为单位犯罪移送审查起诉的，人民检察院应当退回公安机关补充侦查。对于应当认定为单位犯罪的环境污染犯罪案件，人民检察院只作为自然人犯罪起诉的，人民法院应当建议人民检察院对犯罪单位补充起诉。

在本案中，公诉机关德清县人民检察院以德检刑诉〔2019〕997 号起诉书指控该公司和祁某明，认为该公司违反国家规定，在生产过程中使用有害物质三氯一氟甲烷，严重污染环境，祁某明作为直接负责的主管人员，其行为已触犯法律规定，应当以污染环境罪追究其刑事责任。

法条链接

《消耗臭氧层物质管理条例》（2010 年）

第二条 本条例所称消耗臭氧层物质，是指对臭氧层有破坏作用并列入《中国受控消耗臭氧层物质清单》的化学品。

《中国受控消耗臭氧层物质清单》由国务院环境保护主管部门会同国务院有关部门制定、调整和公布。

《中华人民共和国刑法》（修正案十）

第三十条 公司、企业、事业单位、机关、团体实施的危害社会的行为，法律规定为单位犯罪的，应当负刑事责任。

第三十一条 单位犯罪的，对单位判处罚金，并对其直接负责的主管人员和其他直接责任人员判处刑罚。本法分则和其他法律另有规定的，依照规定。

第三百三十八条 违反国家规定，排放、倾倒或者处置有放射性的废物、含传染病病原体的废物、有毒物质或者其他有害物质，严重污染环境的，处三年以下有期徒刑或者拘役，并处或者单处罚金；后果特别严重的，处三年以上七年以下有期徒刑，并处罚金。

《最高人民法院、最高人民检察院关于办理环境污染刑事案件适用法律若干问题的解释》（2016 年）

第一条 实施刑法第三百三十八条规定的行为，具有下列情形之一的，应当认定为“严重污染环境”：

（一）在饮用水水源一级保护区、自然保护区核心区排放、倾倒、处置有放射性的废物、含传染病病原体的废物、有毒物质的；

（二）非法排放、倾倒、处置危险废物三吨以上的；

（三）排放、倾倒、处置含铅、汞、镉、铬、砷、铊、锑的污染物，超过国家或者地方污染物排放标准三倍以上的；

（四）排放、倾倒、处置含镍、铜、锌、银、钒、锰、钴的污染物，超过国家或者地方污染物排放标准十倍以上的；

（五）通过暗管、渗井、渗坑、裂隙、溶洞、灌注等逃避监管的方式排放、倾倒、处置有放射性的废物、含传染病病原体的废物、有毒物质的；

（六）二年内曾因违反国家规定，排放、倾倒、处置有放射性的废物、含传染病病原体的废物、有毒物质受过两次以上行政处罚，又实施前列行为的；

（七）重点排污单位篡改、伪造自动监测数据或者干扰自动监测设施，排放化学需氧量、氨氮、二氧化硫、氮氧化物等污染物的；

（八）违法减少防治污染设施运行支出一百万元以上的；

（九）违法所得或者致使公私财产损失三十万元以上的；

（十）造成生态环境严重损害的；

（十一）致使乡镇以上集中式饮用水水源取水中断十二小时以上的；

（十二）致使基本农田、防护林地、特种用途林地五亩以上，其他农用地十亩以上，其他土地二十亩以上基本功能丧失或者遭受永久性破坏的；

（十三）致使森林或者其他林木死亡五十立方米以上，或者幼树死亡二千五百株以上的；

（十四）致使疏散、转移群众五千人以上的；

（十五）致使三十人以上中毒的；

（十六）致使三人以上轻伤、轻度残疾或者器官组织损伤导致一般功能障碍的；

（十七）致使一人以上重伤、中度残疾或者器官组织损伤导致严重功能障碍的；

（十八）其他严重污染环境的情形。

案件启示

三氯一氟甲烷为受控消耗臭氧层物质，属于污染大气的有害物质。我国一贯高度重视国际环境公约履约工作，并把严格执法作为巩固履约成果的重要保障。近年来，生态环境部持续开展了ODS专项执法行动，通过严厉打击违法行为，施加高压震慑，坚定维护了全球臭氧层保护成果。

本案是全国首例因违法使用受控消耗臭氧层物质（ODS）被判处实刑的污染环境刑事案件。本案的正确审理和判决，充分体现了我国对涉ODS违法行为“零容忍”的坚决态度，对聚氨酯泡沫等相关行业和社会公众具有良好的惩戒、警示和教育作用，体现了司法机关坚定维护全球臭氧层保护成果，推动构建人类命运共同体的责任担当。

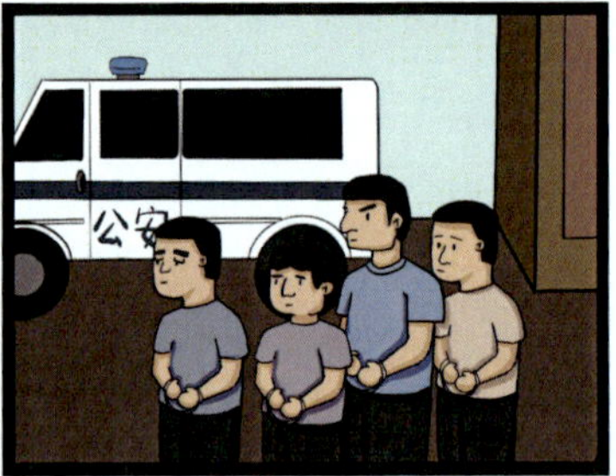

《最高人民法院、最高人民检察院、公安部、司法部、生态环境部关于办理环境污染刑事案件有关问题座谈会纪要》：会议认为，办理非法排放、倾倒、处置其他有害物质的案件，应当坚持主客观相一致原则，从行为人的主观恶性、污染行为恶劣程度、有害物质危险性毒害性等方面进行综合分析判断，准确认定其行为的社会危害性。在实践中，常见的有害物质主要有工业危险废物以外的其他工业固体废物；未经处理的生活垃圾；有害大气污染物、受控消耗臭氧层物质和有害水污染物；在利用和处置过程中必然产生有毒有害物质的其他物质；国务院生态环境保护主管部门会同国务院卫生主管部门公布的有毒有害污染物名录中的有关物质等。

案例 13 广西壮族自治区生态环境厅查处非法倾倒危险废物并实施举报奖励案

基本案情

2020 年 1 月 8 日晚，广西壮族自治区生态环境厅“12369”环保举报热线接到群众举报，反映梧州市藤县某实业有限公司将该厂产生的废渣进行非法倾倒、填埋，严重污染环境。2020 年 1 月 9 日，广西壮族自治区生态环境厅派出执法人员会同梧州市生态环境局、藤县生态环境局赴现场展开调查。

调查发现，该公司于 2016 年 6 月 23 日与藤县镇某联合页岩砖厂（下称联合砖厂）签订处置协议，将煤渣、煤粉、酸解黑泥、红石膏交由联合砖厂处理，协议期为 3 年。但联合砖厂因场地到期而停产，联合砖厂法人卢某随即承包太平镇某红砖厂经营并继续帮助某实业有限公司处理酸解黑泥，后因经济问题，太平镇某红砖厂倒闭，承包人卢某不知所终，致使剩余大量酸解黑泥堆存红砖厂。2019 年 12 月，藤县生态环境局要求某实业有限公司对酸解黑泥作无害化处理，该公司法定代表人桂某，为节约成本，与办公室主任于某东、环保办公室黄某艺协商，以人民币 258 000 元的价格，安排、授意于某东、黄某艺对该批酸解黑泥进行处理。2019 年 12 月下旬，于某东和黄某艺在明知和平镇人黄某泰不具备处理堆存酸解黑泥能力的情况下，委托其进行处置。2020 年 1 月 5 日至 6 日，黄某泰安排车辆将堆存的酸解黑泥拉至藤县和平镇新良村进行倾倒填埋，总重量约 920 吨。

2020 年 1 月 17 日，梧州市环境监测站出具的监测报告显示，藤县和平镇新良村某倾倒点及藤县太平镇某红砖厂堆放点总镍浓度值均超出《危险废物鉴别标准　浸出毒性鉴别》（GB 5085.3—2007）限定标准，根据《梧州市生态环境局关于梧州某实业有限公司倾倒固体废物事件的废物检测结果的认定意见》，确定藤县和平镇新良村某倾倒点和藤县太平镇某红砖厂堆放点的固体废物均属于危险废物，已超过 3 吨。

2020 年 2 月 17 日，梧州市藤县生态环境局将该案移送藤县公安局。2020 年 3 月 31 日，桂某、于某东、黄某艺、黄某泰 4 名涉案人员主动到藤县公安局治安管理大队接受讯问。2020 年 12 月 25 日，藤县人民检察院对涉案 4 名犯罪嫌疑人提起公诉。2021 年 4 月 2 日，藤县人民法院以污染环境罪判处该公司罚金 100 万元；对 4 名被告人以污染环境罪判处有期徒刑 3 年，并处 5 万元至 10 万元不等的罚金。

2020 年 3 月 5 日，广西壮族自治区生态环境厅根据《广西壮族自治区环境违法行为有奖举报办法》有关规定，给予举报人

1 万元奖励。2021 年，再次给予举报人 7 万元奖励，总计给予举报奖金 8 万元。

案件涉及的法律问题

非法处置危险废物问题

无危险废物经营许可证利用、处置行为是否等同于非法处置，是否必然构成犯罪，一直是困扰基层执法人员的问题。《最高人民法院、最高人民检察院关于办理环境污染刑事案件适用法律若干问题的解释》（2016 年）第六条第一款规定：“无危险废物经营许可证从事收集、贮存、利用、处置危险废物经营活动，严重污染环境的，按照污染环境罪定罪处罚。实施前款规定的行为，不具有超标排放污染物、非法倾倒污染物或者其他违法造成环境污染的情形的，可以认定为非法经营情节显著轻微危害不大，不认为是犯罪”。因此，“非法处置”的入罪要件是行为“严重污染环境”。第十六条也有类似规定：“无危险废物经营许可证，以营利为目的，从危险废物中提取物质作为原材料或者燃料，并具有超标排放污染物、非法倾倒污染物或者其他违法造成环境污染的情形的行为，应当认定为‘非法处置危险废物’。”

本着从实际出发的原则，根据是否具有超标、非法倾倒等环境污染的实际后果来分情况认定。如果无危险废物经营许可证从事经营活动具有违法造成环境污染的情形，则按照污染环境罪定罪处罚；同时构成非法经营罪的，依照处罚较重的规定定罪处罚；如果无危险废物经营许可证从事经营活动的行为，不具有超标排放污染物、非法倾倒污染物或者其他违法造成环境污染的情形，则不认为是犯罪。

由于目前有资质机构的数量和处置能力有限，不少企业又不愿承担昂贵的处理成本。如果不让这些无资质者“走街串巷”地收集与处理危险废物，部分企业产生的危险废物可能会被直接排放、倾倒到外环境中，造成环境污染。在此意义上，如果以未取得经营许可证为由，将这些企业和个人的处置行为直接认定为“非法处置危险废物”，而不考虑其是否真正造成了环境污染，形式化地认定无资质者的行为一律属于“非法处置”而进行刑罚打击，不但不能有效地保护环境，反而可能适得其反。从刑事规制的角度来看，对于具有处置危险废物能力，但没有取得经营许可证的企业和个人，只要其处置行为没有造成环境污染，不宜一律禁止。这既适应了我国危险废物的处置能力现状，也有利于从刑事政策上实现对污染环境犯罪的精细治理。

法条链接

《中华人民共和国固体废物污染环境防治法》（2016年）

第十七条 收集、贮存、运输、利用、处置固体废物的单位和个人，必须采取防扬散、防流失、防渗漏或者其他防止污染环境的措施；不得擅自倾倒、堆放、丢弃、遗撒固体废物。

禁止任何单位或者个人向江河、湖泊、运河、渠道、水库及其最高水位线以下的滩地和岸坡等法律、法规规定禁止倾倒、堆放废弃物的地点倾倒、堆放固体废物。

第五十七条 从事收集、贮存、处置危险废物经营活动的单位，必须向县级以上人民政府环境保护行政主管部门申请领取经营许可证；从事利用危险废物经营活动的单位，必须向国务院环境保护行政主管部门或者省、自治区、直辖市人民政府环境保护行政主管部门申请领取经营许可证。具体管理办法由国务院规定。

禁止无经营许可证或者不按照经营许可证规定从事危险废物收集、贮存、利用、处置的经营活动。

禁止将危险废物提供或者委托给无经营许可证的单位从事收集、贮存、利用、处置的经营活动。

《中华人民共和国刑法》（修正案十）

第三百三十八条 违反国家规定，排放、倾倒或者处置有放射性的废物、含传染病病原体的废物、有毒物质或者其他有害物质，严重污染环境的，处三年以下有期徒刑或者拘役，并处或者单处罚金；后果特别严重的，处三年以上七年以下有期徒刑，并处罚金。

《最高人民法院、最高人民检察院关于办理环境污染刑事案件适用法律若干问题的解释》（2016 年）

第三条 实施刑法第三百三十八条、第三百三十九条规定的行为，具有下列情形之一的，应当认定为“后果特别严重”：

（一）致使县级以上城区集中式饮用水水源取水中断十二小

时以上的；

（二）非法排放、倾倒、处置危险废物一百吨以上的；

（三）致使基本农田、防护林地、特种用途林地十五亩以上，其他农用地三十亩以上，其他土地六十亩以上基本功能丧失或者遭受永久性破坏的；

（四）致使森林或者其他林木死亡一百五十立方米以上，或者幼树死亡七千五百株以上的；

（五）致使公私财产损失一百万元以上的；

（六）造成生态环境特别严重损害的；

（七）致使疏散、转移群众一万五千人以上的；

（八）致使一百人以上中毒的；

（九）致使十人以上轻伤、轻度残疾或者器官组织损伤导致一般功能障碍的；

（十）致使三人以上重伤、中度残疾或者器官组织损伤导致严重功能障碍的；

（十一）致使一人以上重伤、中度残疾或者器官组织损伤导致严重功能障碍，并致使五人以上轻伤、轻度残疾或者器官组织损伤导致一般功能障碍的；

（十二）致使一人以上死亡或者重度残疾的；

（十三）其他后果特别严重的情形。

第七条 明知他人无危险废物经营许可证，向其提供或者委托其收集、贮存、利用、处置危险废物，严重污染环境的，以共同犯罪论处。

第十一条 单位实施本解释规定的犯罪的，依照本解释规定的定罪量刑标准，对直接负责的主管人员和其他直接责任人员定罪处罚，并对单位判处罚金。

案件启示

举报奖励制度提高了公众参与环境违法行为监督的积极性

2020 年 4 月，生态环境部印发《关于实施生态环境违法行为举报奖励制度的指导意见》，指导各地建立实施生态环境违法行为举报奖励制度，要求省级和设区的市级生态环境主管部门在 2020 年年底前，建立并实施举报奖励制度。举报奖励制度是优化生态环境保护执法方式，提高执法效能的重要举措，鼓励人民群众参与生态环境保护事业，多方位传导压力，形成合力，能够有效拓宽环境污染问题发现渠道、优化生态环境执法方式、提高企业自觉守法意识，推动精准治污、科学治污、依法治污。近年来，各地深入推动举报奖励制度实施，公众通过电子邮件、来信、来访等途径，提供了大量生态环境违法行为线索。环境执法人员对查实的违法线索实施精准打击，查办了一批大案要案，对各类环境违法行为形成了有效震慑。举报奖励制度作为生态环境主管部门与人民群众沟通的“连心桥”，让人民群众成为生态环境保护的“千里眼”“顺风耳”，构筑起了保护生态环境的人民防线，同时提升了人民群众对生态环境保护的参与感和满意度。

广西壮族自治区自 2013 年开始实施环境违法行为举报奖励制度以来，结合形势任务发展变化不断完善举报奖励制度，对鼓励公众参与监督企业排污行为、保障环境安全、化解社会矛盾、震慑环境违法行为发挥了积极的作用，形成信访工作长效机制。2016 年 9 月，相继发生近 30 起从外省非法向广西转移固体废物（危险废物）和生活垃圾的案件，给当地生态环境和人民群众生产生活造成严重影响。广西壮族自治区生态环境厅组织修订了《环境违法行为有奖举报办法》，最高奖励金额从 3 万元提高至 10 万元，奖励范围增加了“非法倾倒工业固体废物、医疗废物或放射性固体废物”等内容，并通过报纸、电视电台、“两微”、广告大篷车进行大范围的宣传，同时专门通过手机短信发送信息告知“货车帮”的广大司机朋友勿非法运输、处置、倾倒工业固体废物、危险废物等，制作宣传活页和海报共印制 4.5 万份，发放到社区、乡镇、学校，群众参与监督生态环境保护的积极性高涨。跨省非法转移、处置和倾倒危险废物的举报线索从最初 2016 年的 1 件增加到近年的几十件。

2020 年，广西壮族自治区生态环境厅给予此案举报者 1 万元人民币奖励。为进一步鼓励公众参与和监督，严厉打击环境违法行为，根据《广西壮族自治区环境保护厅环境违法行为有奖举报办法》第五条第一款“举报符合本办法第三条第一、二款规定，经查实并有效避免造成重大突发环境事件。各级生态环境主管部门对被举报的单位或个人处以一百万元以上罚款，或者人民法院判决被举报人或相关人员犯污染环境罪的，为特别重大价值线索，奖励人民币 50 000～100 000 元，根据实际，可先按一般突发环境事件等级予以奖励，经法院判决后确属重大案件的，再按本款规定发放其余奖金”。2021 年 9 月 3 日，广西壮族自治区生态环境厅对举报者再发奖励金额 7 万元，总共发放 8 万元举报奖金。此案也成为广西壮族自治区 2013 年实施环境违法有奖举报制度以来发放奖金最高的一次，极大地提高了公众参与环境违法行为监督的积极性。

2020 年 4 月，生态环境部印发《关于实施生态环境违法行为举报奖励制度的指导意见》，指导各地建立实施生态环境违法行为举报奖励制度，要求省级和设区的市级生态环境部门在 2020 年年底前，建立并实施举报奖励制度。

案例14 负有环境保护监督管理职责的国家机关工作人员环境监管失职案[①]

基本案情

被告人范某是山西洪洞县某村环境监察中队中队长。山西某集团有限公司持续向其所监察的辖区赵城镇新庄村村西南荒沟内倾倒工业固体废物。截至2018年4月17日，该集团共向新庄村荒沟内倾倒粉煤灰约15.08万立方米，电石渣2.21万立方米。其间，被告人范某于2018年2月27日接到洪洞县环境保护局“12369”举报中心关于群众反映某集团有限公司违法倾倒工业废渣的举报函，他违反《环保举报热线工作管理办法》及保密规定，将举报函件以微信方式发送给该集团环保部工作人员付某。2018年4月17日，该集团违法倾倒工业固体废物污染环境的事件被中央电视台《经济半小时》曝光，之后，该事件被中央财经网、人民网、央视新闻网、新华社网、人民日报网等多家主流媒

① 霍州市人民法院《刑事判决书》(〔2018〕晋1082刑初59号)。

体网站转发，点击量 223.3 万余次，腾讯视频点击量 352.2 万余次，造成恶劣社会影响。经山西省环境污染损害司法鉴定中心鉴定：该集团倾倒于洪洞县赵城镇新庄村西南深沟及周边可见的白色工业废渣属于具有腐蚀性的危险废物；除白色工业废渣以外的废渣不属于危险废物；该集团倾倒工业废渣的行为属于土地损毁类型中的压占土地，该行为已使 15 014 平方米（约 22.5 亩）的倾倒场地丧失了作为农村集体建设用地的原有使用功能；对深沟内东侧原工业废渣倾倒区域下方的土壤造成了污染，污染面积约 6 427 平方米，污染最大深度达 2 米；该集团往新庄村西南深沟内及周边倾倒工业废渣造成的公私财产损失约为人民币 339.102 8 万元。

法院审理后认为，被告人范某身为负有环境保护监督管理职责的国家机关工作人员，不认真履行环境监管职责，未依照法定程序正确处理某集团有限公司违法倾倒工业污染物的行为，导致发生重大环境污染事故，致使公私财产遭受重大损失达 339.102 8 万元的行为构成环境监管失职罪，判处有期徒刑二年，缓刑三年。

案件涉及的法律问题

环境监管失职罪，是指负有环境保护监督管理职责的国家机关工作人员严重不负责任，导致发生重大环境污染事故，致使公私财产遭受重大损失或者造成人身伤亡的严重后果的行为。

1. 环境监管失职罪的构成要件

（1）环境监管失职罪侵犯的客体是国家正常的环境监管活动。

（2）环境监管失职罪在客观方面表现为行为人在环境保护监督管理活动中严重不负责任，造成重大环境污染事故，致使公私财产遭受重大损失或造成人身伤亡的严重后果。所谓严重不负责任，是指行为人不履行或者不认真履行环境保护监管职责。“公私财产遭受重大损失或者造成人身伤亡的严重后果”是“重大环境污染事故”的具体表现。2006年7月26日《最高人民检察院关于渎职侵权犯罪案件立案标准的规定》对此作了明确规定，涉嫌下列情形之一的，应予立案：①造成死亡1人以上，或者重伤3人以上，或者重伤2人、轻伤4人以上，或者重伤1人、轻伤7人以上，或者轻伤10人以上的；②导致30人以上严重中毒的；③造成个人财产直接经济损失15万元以上，或者直接经济损失不满15万元，但间接经济损失75万元以上的；④造成公共财产、法人或者其他组织财产直接经济损失30万元以上，或者直接经济损失不满30万元，但间接经济损失150万元以上的；⑤虽未达到3、4两项数额标准，但3、4两项合计直接经济损失30万元以上，或者合计直接经济损失不满30万元，但合计间接经济损失150万元以上的；⑥造成基本农田或者防护林地、特种用途林地10亩以上，或者基本农田以外的耕地50亩以上，或者其他土地70亩以上被严重毁坏的；⑦造成生活饮用水地表水源和地下水源严重污染的；⑧其他致使公私财产遭受重大损失或者造成人身伤亡严重后果的情形。《最高人民法院、最高人民检察院关于办理环境污染刑事案件适用法律若干问题的解释》（2016年）（以下简称《解释》）第二条规定："实施刑法第三百三十九条、第四百零八条规定的行为，致使公私财产损失三十万元以上，或者具有本解释第一条第十项至第十七项规定情形之一的，应当认定为'致使公私财产遭受重大损失或者严重危害人体健康'或者'致使公私财产遭受重大损失或者造成人身伤亡的严重后果'。"同时，《解释》第一条第十项至第十七项规定了严重污染环境的情形。

（3）环境监管失职罪的主体为特殊主体，只能是负有环境保护监督管理职责的国家机关工作人员。

（4）环境监管失职罪在主观上主要是出自过失，也不能排除放任的间接故意的存在。

2. 环境监管失职罪的认定

（1）与一般环境监管失职行为的区别。一般环境监管失职的行为人虽然具有环境监管失职的行为，但并没有造成公私财产遭受重大损失或造成人身伤亡的严重后果。

（2）与玩忽职守罪的区别。玩忽职守罪，是指国家机关工作人员严重不负责任，不履行或者不认真履行职责，致使公共财产、国家和人民利益遭受重大损失的行为。国家机关工作人员玩忽职守，符合《中华人民共和国刑法》第九章所规定的特殊渎职罪（环境监管失职罪等）构成要件的，按照该特殊规定追究刑事责任；主体不符合《中华人民共和国刑法》第九章所规定的特殊渎职罪的主体要件，但玩忽职守涉嫌犯罪的，按照《中华人民共和国刑法》第三百九十七条的规定以玩忽职守罪追究刑事责任。也就是说，如果负有环境保护监督管理职责的国家机关工作人员严重不负责任的行为依法符合环境监管失职罪的构成要件，同时也符合玩忽职守罪的构成要件，应按特别规定优于一般规定的原则处理，认定为构成环境监管失职罪。

3. 环境监管失职罪的处罚

根据《中华人民共和国刑法》第四百零八条第一款的规定，负有环境保护监督管理职责的国家机关工作人员严重不负责任，导致发生重大环境污染事故，致使公私财产遭受重大损失或者造成人身伤亡的严重后果的，处三年以下有期徒刑或者拘役。

《中华人民共和国刑法》第四百零八条第三款规定，徇私舞弊犯环境监管失职罪的，从重处罚。

法条链接

《中华人民共和国刑法》（修正案十）

第三百九十七条 国家机关工作人员滥用职权或者玩忽职守，致使公共财产、国家和人民利益遭受重大损失的，处三年以下有期徒刑或者拘役；情节特别严重的，处三年以上七年以下有期徒刑。本法另有规定的，依照规定。

国家机关工作人员徇私舞弊，犯前款罪的，处五年以下有期徒刑或者拘役；情节特别严重的，处五年以上十年以下有期徒刑。本法另有规定的，依照规定。

第四百零八条第一款 负有环境保护监督管理职责的国家机关工作人员严重不负责任，导致发生重大环境污染事故，致使公私财产遭受重大损失或者造成人身伤亡的严重后果的，处三年以下有期徒刑或者拘役。

《中华人民共和国环境保护法》（2015 年）

第十条 国务院环境保护主管部门，对全国环境保护工作实施统一监督管理；县级以上地方人民政府环境保护主管部门，对本行政区域环境保护工作实施统一监督管理。

县级以上人民政府有关部门和军队环境保护部门，依照有关法律的规定对资源保护和污染防治等环境保护工作实施监督管理。

《最高人民法院、最高人民检察院关于办理环境污染刑事案件适用法律若干问题的解释》（2016 年）

第一条 实施刑法第三百三十八条规定的行为，具有下列情形之一的，应当认定为“严重污染环境”：

（一）在饮用水水源一级保护区、自然保护区核心区排放、倾倒、处置有放射性的废物、含传染病病原体的废物、有毒物质的；

（二）非法排放、倾倒、处置危险废物三吨以上的；

（三）排放、倾倒、处置含铅、汞、镉、铬、砷、铊、锑的污染物，超过国家或者地方污染物排放标准三倍以上的；

（四）排放、倾倒、处置含镍、铜、锌、银、钒、锰、钴的污染物，超过国家或者地方污染物排放标准十倍以上的；

（五）通过暗管、渗井、渗坑、裂隙、溶洞、灌注等逃避监管的方式排放、倾倒、处置有放射性的废物、含传染病病原体的废物、有毒物质的；

（六）二年内曾因违反国家规定，排放、倾倒、处置有放射性的废物、含传染病病原体的废物、有毒物质受过两次以上行政处罚，又实施前列行为的；

（七）重点排污单位篡改、伪造自动监测数据或者干扰自动监测设施，排放化学需氧量、氨氮、二氧化硫、氮氧化物等污染物的；

（八）违法减少防治污染设施运行支出一百万元以上的；

（九）违法所得或者致使公私财产损失三十万元以上的；

（十）造成生态环境严重损害的；

（十一）致使乡镇以上集中式饮用水水源取水中断十二小时以上的；

（十二）致使基本农田、防护林地、特种用途林地五亩以上，其他农用地十亩以上，其他土地二十亩以上基本功能丧失或者遭受永久性破坏的；

（十三）致使森林或者其他林木死亡五十立方米以上，或者幼树死亡二千五百株以上的；

（十四）致使疏散、转移群众五千人以上的；

（十五）致使三十人以上中毒的；

（十六）致使三人以上轻伤、轻度残疾或者器官组织损伤导致一般功能障碍的；

（十七）致使一人以上重伤、中度残疾或者器官组织损伤导致严重功能障碍的；

（十八）其他严重污染环境的情形。

第二条 实施刑法第三百三十九条、第四百零八条规定的行为，致使公私财产损失三十万元以上，或者具有本解释第一条第十项至第十七项规定情形之一的，应当认定为“致使公私财产遭受重大损失或者严重危害人体健康”或者“致使公私财产遭受重大损失或者造成人身伤亡的严重后果”。

案件启示

很多环境违法行为具有很强的专业性，有的违法行为还有一定的隐蔽性。认定环境监管人员的环境监管失职罪，必须满足的前提条件是行为人在环境保护监督管理活动中严重不负责任，造成重大环境污染事故，致使公私财产遭受重大损失或造成人身伤亡的严重后果。所谓严重不负责任，是指行为人不履行或者不认真履行环境保护监管职责，并且达到严重的程度。一定要区分环境监管失职罪与工作失误的界限，工作失误是行为人由于政策不明确、业务水平和能力有限等，以致决策不当，从而造成重大环境污染事故，致使公私财产遭受重大损失或造成人身伤亡的严重后果的行为。在这种情况下，行为人主观上没有犯罪的过失，这与环境监管失职罪有本质的区别。基层一线环境执法人员的学历普遍不高，业务水平亟待提高。为加强环境执法队伍建设，提高基层执法水平，生态环境主管部门有必要继续做好如下环境执法培训工作：一是指导和督促各地按照环保干部人才队伍建设要求，结合本地实际情况和基层执法人员能力“短板”，进一步做好干部培训有关工作；二是组织编制环境执法人员培训大纲，计划根据执法人员能力、素质开展分类、分级培训，提高培训的系统性、针对性和实效性，进一步规范环境执法培训工作；三是针对环境监察年度重点工作，组织开展环境行政处罚、“两法”衔接、移动执法等专项培训，有针对性地提高地方执法人员专项业务能力[①]。

① 曹晓凡，宋海鸥．环境监管领域职务犯罪案例分析［M］．北京：中国民主法治出版社，2017.

《中华人民共和国刑法》第四百零八条第一款规定：负有环境保护监督管理职责的国家机关工作人员严重不负责任，导致发生重大环境污染事故，致使公私财产遭受重大损失或者造成人身伤亡的严重后果的，处三年以下有期徒刑或者拘役。

Part 3

第三部分

行政公益诉讼篇

案例 15 湖北省黄石市国土资源局生态环境保护行政公益检察案

基本案情

磁湖位于湖北省黄石市市区，水域面积约 10 平方千米。2004 年 7 月 12 日，为改善和美化磁湖风景区建设，黄石经济技术开发区国土资源局与黄石市团城山街道办事处杭州东路社区居委会签订了用地补偿协议，其中征用的一块土地紧挨磁湖，总用地面积为 17.148 亩，并协商了土地补偿费、劳力安置补助费相关各项补偿合计 497 971.45 元。杭州东路社区居民张某，在未取得规划审批和用地手续的情况下，在已被国家征收并支付全部补偿的土地上擅自搭建 11 间、建筑面积约 290 平方米的砖瓦结构平房，并在已被征收并支付全部补偿的鱼池中围栏投肥养殖，围栏投肥养殖使磁湖整体生态环境持续遭到破坏。张某的违法行为一直持续到 2018 年，严重破坏了磁湖风景区的整体规划，对磁湖的水质造成了污染，破坏了磁湖水域的生态环境。

2018年5月，黄石市国土资源局和下陆区城管局主动与黄石市检察院对接，向检察机关说明该案中各部门之间存在管理权限不清、多头难管的问题，行政执法一直受阻，请求检察机关通过行政公益诉讼介入，促成行政机关形成执法合力，破解这个困扰多年的执法难题。黄石市检察院发现该线索后，经初步研判，综合考量人员力量、办案效果等因素，决定指定西塞山区人民检察院管辖。

随后，黄石市西塞山区人民检察院到黄石市国土资源局调取团城山公园教堂附近1.6亩土地和15.5亩鱼塘已于2004年被黄石市政府征收并补偿的证据和张某未办理任何用地手续的证据后，以黄石市国土资源局为监督对象，于2018年5月9日作出行政公益诉讼立案决定。检察院在调查中发现规划、城管、水利水产、园林等4家行政机关都负有监管职责后，又以该4家行政机关为监督对象，分别作出行政公益诉讼立案决定，包括黄石市园林局、黄石市规划局、黄石市国土资源局、黄石市水利水产局、黄石市下陆区城市管理局等。经调查发现，本案所涉地块在2004年国土资源部门征收之后，行政区划变更，国土资源部门与当地政府之间的交接和沟通存在严重问题。涉案地块早在2004年就已经被按照国家征收标准赔偿征收了。由于当年征收时，该地块属于黄石市开发区，因此是由开发区国土资源局负责征收。而2013年行政区域重新划分，被占地块转由黄石市下陆区管辖。所占地块随着政府整体行政划分也已经由村委会变成了杭州东路社区。然而，黄石市下陆区人民政府并不知道该地块已经被征收。在本案中，黄石市国土资源部门因土地被政府征收后并未移交不好监管；黄石市规划部门因集中行使城乡规划行政处罚权的城管部门没有上报而无法确认违建；城市管理部门因违建位于公园内部执法受阻；黄石市水利水产部门因地面违建未处理而无法根治非法养殖和水体污染问题；黄石市园林部门则因没有行政处罚权无法采取有效措施，面临着多头监管、职责不清、“五龙治水”的难题，单个行政机关执法受到阻碍，难以达成效果。

收到检察建议后，5 家行政机关召开行政执法联席会议，制定联合执法行动。2013 年 7 月 26 日，黄石市下陆区城市管理局联合黄石市国土资源局、黄石市规划局、黄石市园林局以及黄石市水利水产局开展联合执法，经过 150 余名执法人员连续 5 个多小时的作业，拆除了存续 14 年的违法建筑，清理了围网投肥养殖的全部设施。至此，该案已通过诉前检察建议取得了实质效果，磁湖风景区生态环境得以恢复，磁湖重现一池碧波，被占土地也实现了覆土种草。

案件涉及的法律问题

1. 本案争议焦点之一，5 家主管机关是否具有法定职责

就黄石市国土资源局所负职责而言，相关的行政法律规范主要有《中华人民共和国土地管理法》（2020）第五条和第七十七

条。因此，根据相关法律法规，黄石市国土资源局对涉案土地负有法定监管职责，应当责令违法行为人退还非法占用的已被国家合法征收的土地。

就黄石市规划局所负职责而言，相关的行政法律规范主要有《中华人民共和国城乡规划法》（2019 年）第十一条和第六十四条规定。因此，根据相关法律法规，违法行为人在未取得规划审批和用地手续的情况下，在已被国家征收并支付全部补偿的土地上擅自建造平房，黄石市规划局应当责令行为人限期拆除违法建筑并处建设工程造价百分之十以下的罚款。

就黄石市水利水产局所负职责而言，相关的行政法律规范主要有《中华人民共和国渔业法》（2013）第六条第一款和第四十条第二款《湖北省水污染防治条例》（2008 年）第二十二条第二款、第三款。因此，根据相关法律法规，黄石市水利水产局对涉案区域违法养殖行为负有法定监管职责，应当责令违法行为人改正，因涉案区域已被国家征收不能用于养殖生产，因此应当责令违法行为人限期拆除养殖设施。

就黄石市园林局所负职责而言，相关的行政法律规范主要有《风景名胜区条例》（2006 年）第四条和第四十五条，《城市绿化条例》（2017 年）第七条。就本案而言，黄石市园林局对磁湖风景区负有环境保护法定职责，对违法行为人未经审核，在磁湖风景区内进行围栏投肥养殖，从而改变水资源、水环境自然状态的，黄石市园林局应责令停止违法行为、限期恢复原状或者采取其他补救措施，没收违法所得，并处 5 万元以上 10 万元以下的罚款；情节严重的，并处 10 万元以上 20 万元以下的罚款。

就黄石市下陆区城市管理局所负职责而言，相关的行政法律规范主要有《城市市容和环境卫生管理条例》（2017年）第四条和第三十六条。就本案而言，因违法行为人投肥养殖生产严重影响黄石市市容与磁湖风景区卫生情况，黄石市下路区城市管理局应当责令其停止违法行为，限期清理、拆除或者采取其他补救措施，并可处以罚款。

2. 本案争议焦点之二，5家行政机关有无履行该法定职责

涉案的行政机关共有5家，分别是黄石市国土资源局、黄石市规划局、黄石市水利水产局、黄石市园林局和黄石市下陆区城市管理局。张某的行为同时违反了《中华人民共和国土地管理法》《中华人民共和国城乡规划法》《中华人民共和国渔业法》《风景名胜区条例》等法律法规，国土、规划、城管、水利水产、园林等部门均负有监管职责。国土资源部门因土地被政府征收后并未移交而无法有效监管；规划部门因集中行使城乡规划行政处罚权的城管部门没有上报而无法确认违建；城管部门因违建位于公园内部执法受阻；水利水产部门因地面违建未处理而无法根治非法养殖和水体污染问题；园林部门则因没有行政处罚权无法采取有效措施。因此本案面临着多头监管、职责不清、"五龙治水"的难题，单个行政机关执法受到阻碍，难以达成效果，多家行政机关未能依法履职。

法条链接

《中华人民共和国土地管理法》（2020 年）

第五条 国务院自然资源主管部门统一负责全国土地的管理和监督工作。

县级以上地方人民政府自然资源主管部门的设置及其职责，由省、自治区、直辖市人民政府根据国务院有关规定确定。

第七十七条 未经批准或者采取欺骗手段骗取批准，非法占用土地的，由县级以上人民政府自然资源主管部门责令退还非法占用的土地，对违反土地利用总体规划擅自将农用地改为建设用地的，限期拆除在非法占用的土地上新建的建筑物和其他设施，恢复土地原状，对符合土地利用总体规划的，没收在非法占用的土地上新建的建筑物和其他设施，可以并处罚款；对非法占用土地单位的直接负责的主管人员和其他直接责任人员，依法给予处分；构成犯罪的，依法追究刑事责任。

超过批准的数量占用土地，多占的土地以非法占用土地论处。

《中华人民共和国城乡规划法》（2019 年）

第十一条 国务院城乡规划主管部门负责全国的城乡规划管理工作。

县级以上地方人民政府城乡规划主管部门负责本行政区域内

的城乡规划管理工作。

第六十四条 未取得建设工程规划许可证或者未按照建设工程规划许可证的规定进行建设的，由县级以上地方人民政府城乡规划主管部门责令停止建设；尚可采取改正措施消除对规划实施的影响的，限期改正，处建设工程造价百分之五以上百分之十以下的罚款；无法采取改正措施消除影响的，限期拆除，不能拆除的，没收实物或者违法收入，可以并处建设工程造价百分之十以下的罚款。

《中华人民共和国渔业法》（2013 年）

第六条 国务院渔业行政主管部门主管全国的渔业工作。县级以上地方人民政府渔业行政主管部门主管本行政区域内的渔业工作。县级以上人民政府渔业行政主管部门可以在重要渔业水域、渔港设渔政监督管理机构。

县级以上人民政府渔业行政主管部门及其所属的渔政监督管理机构可以设渔政检查人员。渔政检查人员执行渔业行政主管部门及其所属的渔政监督管理机构交付的任务。

第四十条 使用全民所有的水域、滩涂从事养殖生产，无正当理由使水域、滩涂荒芜满一年的，由发放养殖证的机关责令限期开发利用；逾期未开发利用的，吊销养殖证，可以并处一万元以下的罚款。

未依法取得养殖证擅自在全民所有的水域从事养殖生产的，责令改正，补办养殖证或者限期拆除养殖设施。

未依法取得养殖证或者超越养殖证许可范围在全民所有的水域从事养殖生产，妨碍航运、行洪的，责令限期拆除养殖设施，可以并处一万元以下的罚款。

《风景名胜区条例》（2006 年）

第四条 风景名胜区所在地县级以上地方人民政府设置的风景名胜区管理机构，负责风景名胜区的保护、利用和统一管理工作。

第四十五条 违反本条例的规定，未经风景名胜区管理机构审核，在风景名胜区内进行下列活动的，由风景名胜区管理机构责令停止违法行为、限期恢复原状或者采取其他补救措施，没收违法所得，并处 5 万元以上 10 万元以下的罚款；情节严重的，并处 10 万元以上 20 万元以下的罚款：

（一）设置、张贴商业广告的；

（二）举办大型游乐等活动的；

（三）改变水资源、水环境自然状态的活动的；

（四）其他影响生态和景观的活动。

《城市绿化条例》（2017 年）

第七条 国务院设立全国绿化委员会，统一组织领导全国城乡绿化工作，其办公室设在国务院林业行政主管部门。

国务院城市建设行政主管部门和国务院林业行政主管部门等，按照国务院规定的职权划分，负责全国城市绿化工作。

地方绿化管理体制，由省、自治区、直辖市人民政府根据本地实际情况规定。

城市人民政府城市绿化行政主管部门主管本行政区域内城市规划区的城市绿化工作。

在城市规划区内，有关法律、法规规定由林业行政主管部门等管理的绿化工作，依照有关法律、法规执行。

《城市市容和环境卫生管理条例》（2017年）

第四条 国务院城市建设行政主管部门主管全国城市市容和环境卫生工作。

省、自治区人民政府城市建设行政主管部门负责本行政区域的城市市容和环境卫生管理工作。

城市人民政府市容环境卫生行政主管部门负责本行政区域的城市市容和环境卫生管理工作。

第三十六条 有下列行为之一者，由城市人民政府市容环境卫生行政主管部门或者其委托的单位责令其停止违法行为，限期清理、拆除或者采取其他补救措施，并可处以罚款：

（一）未经城市人民政府市容环境卫生行政主管部门同意，擅自设置大型户外广告，影响市容的；

（二）未经城市人民政府市容环境卫生行政主管部门批准，擅自在街道两侧和公共场地堆放物料，搭建建筑物、构筑物或者其他设施，影响市容的；

（三）未经批准擅自拆除环境卫生设施或者未按批准的拆迁方案进行拆迁的。

《湖北省水污染防治条例》（2008年）

第二十二条 各级人民政府应当将发展生态农业列入扶持范围，在申请环境保护、清洁生产等相关资金和污染治理贷款贴息补助等方面给予支持。

农业主管部门应当指导农业生产者科学合理使用农药、化肥等农业投入品，防止过度使用造成水体污染。

水产养殖应当采取措施避免水体污染。禁止在江河、湖泊、水库、运河、塘堰养殖珍珠；禁止在江河、湖泊、水库、运河围栏围网养殖、投肥（粪）养殖。

案件启示

1. 行政机关应加强与检察机关的协作配合，实现双赢、多赢、共赢

湖北省黄石市磁湖风景区生态环境保护公益诉讼案，是行政机关主动要求检察机关介入监督的典型案例。在本案中，磁湖风景区的生态环境问题，已经存续了 14 年之久，但当地的部门都互相“踢皮球”，没有一个部门主导，导致了“谁都在管，可是最后谁也不管”的尴尬场面。为解决这一执法困境，黄石市国土资源局和黄石市下陆区城市管理局主动与黄石市人民检察院对接，请求检察机关通过行政公益诉讼介入，促成行政机关形成执法合力，彻底破解这个困扰多年的执法难题。

检察机关所发出的诉前检察建议具有统筹协调、督促多个职能部门综合治理的独特优势，保护公益效果十分明显，是以最小司法投入获得最佳社会效果的有力体现。在本案中，检察机关通过发出诉前建议工作，不仅消除了磁湖生态环境问题的沉疴顽疾，而且让行政机关深刻地体会到，检察公益诉讼与行政执法行为在目标上是一致的，公益诉讼既是监督，也是支持，通过办理一个案件能够切实推动地方政府解决一个领域、一个方面、一个时期的社会治理难题，共同形成公益保护合力，实现双赢、多赢、共赢的良好效果。特别是对于一些容易出现“九龙治水”疏漏，或者必须齐抓共管的“老大难”问题，看似简单，却涉及多个部门。如果没有检察机关的建议，很难形成多部门联合执法、协同治理的合力。因此检察机关建议在环境保护执法中有其独特的优势，检察机关应当秉持“诉前实现保护公益目的是最佳司法状态”理念，当发送检察建议能够达到监督目的的，就不必再提起公益诉讼。

本案体现了行政机关对检察机关的公益诉讼实现了由最初的消极误解到积极配合，由被动应付到主动争取支持的“两个转变”。由此，行政机关应充分认识到，检察建议既是监督，也是支持，是实现执法机关、检察机关双赢、多赢、共赢的有效途径。

2. 探索建立管辖通报制度

根据《关于在检察公益诉讼中加强协作配合　依法打好污染防治攻坚战的意见》，检察机关办理行政公益诉讼案件，一般由违法行使职权或者不作为的行政机关所在地的同级人民检察院立案并进行诉前程序。对于多个检察机关均有管辖权的情形，上级检察机关可与被监督行政执法机关的上级机关加强沟通、征求意见，从有利于执法办案、有利于解决问题的角度，确定管辖的检察机关。在本案中，磁湖风景区位于黄石市下陆区，涉案行政机关包括黄石市 4 家市级行政机关与黄石市下陆区城市管理局。因此该案中存在多个检察机关均有管辖权的情形，上级检察机关可以与被监督行政机关的上级机关进行沟通交流，综合考量办案效率与人员优势等要素，确定管辖的检察机关。

《中华人民共和国土地管理法》（2020 年）第七十七条规定：未经批准或者采取欺骗手段骗取批准，非法占用土地的，由县级以上人民政府自然资源主管部门责令退还非法占用的土地，对违反土地利用总体规划擅自将农用地改为建设用地的，限期拆除在非法占用的土地上新建的建筑物和其他设施，恢复土地原状，对符合土地利用总体规划的，没收在非法占用的土地上新建的建筑物和其他设施，可以并处罚款；对非法占用土地单位的直接负责的主管人员和其他直接责任人员，依法给予处分；构成犯罪的，依法追究刑事责任。